땅에서 자라는 하늘 자녀

땅에서 자라는 하늘 자녀

지은이 박경이
펴낸이 김명식
펴낸곳 지혜의 샘

초판 1쇄 발행 2014년 5월 5일
초판 4쇄 발행 2016년 8월 5일

출판신고 2013년 3월 11일 제2013-000072호
04044 서울시 마포구 양화로 8길 24
Tel (02)330-5552 Fax (02)330-5555
ISBN 978-89-6790-829-4 03230

땅에서 자라는 하늘자녀

| 박경이 지음 |

지혜의샘

《땅에서 자라는 하늘 자녀》는 보통 엄마가 빚어낸 특별한 자녀 이야기입니다. 저자는 특별한 비법이 없다고 말합니다. 그러나 이 책은 특별한 비법으로 가득차 있습니다.

조기교육이 아닌 적기 교육, 일류 대학이 아닌 일류 인간, 성적이 아닌 적성, 머리가 아닌 가슴, 추월이 아닌 초월, 공부가 아닌 놀이가 허황된 이론이 아니라 견고한 현실 속에서 실현되고 있습니다.

자녀들의 삶 속에 뛰어들어 씨 뿌리고, 싹 틔우고, 꽃피우고, 열매 맺기까지의 생생한 스토리는 감동 그 자체입니다. 올라온 높이가 아니라 헤쳐 온 깊이가 절로 헤아려집니다. 그 여정에 기독교적 가치관은 흔들리지 않고 빛을 발합니다.

오늘날은 속도만 있고 방향은 상실한 시대입니다. 이 책은 멈춤 사인이며 방향키입니다. 다른 자녀와 '다른' 자녀이기를 꿈꾸는 이 땅의 모든 어머니에게 일독을 권합니다.

책을 읽는 내내 다시 한 번 자녀를 키워 보고 싶다는 소망이 생겼습니다.

김향숙 원장
하이패밀리 가정사역 평생교육원 원장, 리버티대학교 객원교수

서양의 시 한 구절 중에 '자녀는 당신으로부터(from) 온 것이 아니고 당신을 통해서(through) 왔다.'는 말이 있습니다. 비록 자녀가 부모의 몸에서 태어났지만 자녀는 하나님이 창조하신 또 다른 인격체라는 말입니다. 성경도 자녀는 '하나님의 선물'(시 127:3)이라고 표현하고 있으며, 이 선물을 받은 부모들은 자녀에게 하나님의 말씀을 가르쳐야 한다고 명령하고 있습니다(출 12:26~27; 신 4:9~10, 6:1~9). 성경적인 부모가 되는 것 (parenting)은 단지 '자녀를 낳았다'는 사실보다 '가르친다'는 사실에 중점을 두고 있는 것입니다.

저자는 기독교교육과 출신으로 교회에서 유치부 전도사, 주일학교 전도사를 하면서 가난한 신학생의 아내로, 또한 이민 교회 목사의 사모로 "하나님의 선물"인 네 자녀를 성경적으로 잘 양육하여, 미국에서 자녀 모두 장학금으로 예일대, 듀크대, 일리노이주립대, 예일 로스쿨 등을 마치도록 도왔습니다. 저자는 자신의 자녀이기 이전에 하나님의 자녀인 네 아이를 기도와 말씀 가운데 양육한 청지기적 양육법을 진술하게 전하고 있습니다. 이 책이 한국의 불확실하고 불안한 교육 현실에서 많은 부모가 좀 더 평안하고 긴 안목으로 자녀를 양육할 수 있는 지침서가 되어, 우리 모두의 '하늘 자녀'로 인하여 더 좋은 세상이 될 수 있기를 기원합니다.

김희자 교수
총신대 기독교교육과, 전 총신대 부총장

초등학교 5학년인 아이가 엄마에게 물었습니다.
"엄마, 엄마는 미술가가 좋아요, 음악가가 좋아요?"
"그야 다 좋지!"
그러자 아이가 엄마에게 성적표를 보여 줬습니다.
미술 : 가 / 음악 : 가

이런 이야기를 하면 많이들 웃습니다. 그러나 정작 이 아이가 내 아이라면 다들 고개를 흔듭니다. 하지만 바로 이런 아이가 미래의 인재라면 그때는 뭐라고 말하게 될까요? 소치 올림픽에서 김연아의 경기 해설은 경기 못지않게 인상적이었습니다.

우리나라의 해설은 주로 이런 식입니다. "저 기술은 가산점을 받게 되어 있어요." "코너에서 착지 자세가 불안정하면 감점 요인이 됩니다." "저런 점프는 난이도가 높죠. 경쟁에서 유리합니다." "경기를 완전히 지배했습니다. 금메달이네요! 금메달! 금메달!"

하지만 유럽의 경기 해설은 좀 다른 데가 있었습니다. "나비죠? 그렇군요. 마치 꽃잎에 사뿐히 내려앉는 나비의 날갯짓이 느껴지네요." "은반 위를 쓰다듬으면서 코너로 날아오릅니다. 실크가 하늘거리며 잔무늬를 경기장에 흩뿌리네요." "울어도 되나요? 정말이지 눈물이 나네요. 저는 오늘밤을 언제고 기억할 겁니다. 이 경기장에서 김연아의 아름다운 몸짓

을 바라본 저는 정말 행운아입니다. 감사합니다. 신이시여!"

자녀의 모든 행위를 점수로 계산하지 않고 옆에서 응원하며 같이 웃고 울어 준 엄마의 이야기가《땅에서 자라는 하늘 자녀》입니다.

"우리 아이가 정말 '음악가'가 되고 '미술가'가 되다니! 감사합니다."

이렇게 이야기할 수 있게 되는 날, 우리는 베토벤을 능가하고 미켈란젤로를 뛰어넘는 시대의 재능꾼을 배출한 인재사관학교의 교관이 되어 있을 것입니다.

오랫동안 저자의 삶을 지켜본 저로서는 네 자녀의 성장기를 다룬 이 책이 부모 역할에 목말라하는 이들에게 나침반 같은 구실을 해 줄 것을 확신하며 일독을 권합니다.

송길원 목사
행복발전소 하이패밀리 대표, 가족생태학자, 삿라보 스쿨[아버지학교] 디렉터

임용섭 목사, 박경이 사모의 가정을 보면 다음의 말씀이 생각납니다. "사울의 집과 다윗의 집 사이에 전쟁이 오래매 다윗은 점점 강하여 가고 사울의 집은 점점 약하여 가니라"(삼하 3:1).

사울은 자신의 집을 스스로 세우려 했고, 다윗은 하나님이 지어 주시는 집을 사모했습니다. 그리고 그 결과를, 위의 말씀은 너무나도 정확하게 보여 주고 있습니다. 사울은 요나단을 위해 할 수 있는 것이, 다윗을 숙청하고 방해가 되는 모든 것을 제거해 주는 것인 줄 알고 모든 방법과 수단을 동원했습니다. 그러나 성경은 그 결과가 참담한 실패로 끝났음을 증언합니다.

한국 부모들은 지금 사울의 길을 걷고 있는지 모릅니다.

이런 시대적 시류 앞에 당당하게 다윗의 길을 걸은 한 가정을 만나게 되는 것은 참으로 행복한 일입니다. 박경이 사모가 책에서 밝히고 있는 것처럼 "'내 아이이기 이전에 하나님의 자녀'라 생각했고, 저 자신은 '하나님의 자녀를 맡아 기르는 청지기, 유모'라 생각했다."는 고백 속에서 다윗의 길을 보게 됩니다. 하나님이 세워 가시는 그 가정의 비밀을 말입니다. 또한 "하나님의 동역자로서 하나님과 함께 아이를 키운다는 자세로 자녀를 양육했다."는 고백은 이미 한 엄마의 고백을 넘어 한 시대의 바통을 다음 세대로 물려주고자 하는 세대 선교사의 모습이기도 합니다.

책 제목《땅에서 자라는 하늘 자녀》가 암시하는 것처럼 이 책은 비록 이

땅에서 자녀를 양육하지만 그들이 하나님이 맡겨 주신 하늘 자녀, 즉 하나님의 자녀임을 한시도 잊지 않고 그 가치를 붙든 고결한 한 엄마의 고백임과 동시에 우리 시대의 신앙고백이기에 모두에게 일독을 권합니다.

이 책을 읽으면 단순히 한 가정의 자녀 양육 성공 이야기를 넘어 보이지 않는 손으로 우리 삶에 찾아오시고, 우리 가정을 붙드시고, 그 거룩한 뜻을 이루어 가시는 하나님을 만나는 감격을 동시에 경험하게 될 것입니다.

이재성 목사

신원예닮교회 담임목사, 서울성경신학대학원대학교 교수, 대한예수교장로회 순장 총회 부총회장

프롤로그

어느 날, 집안일로 동분서주하는 나를 물끄러미 바라보던 다섯 살짜리 딸 사랑이가 말했다. "엄마는 신데렐라 같아요!" '신데렐라? 아휴, 계집애, 예쁜 건 알아 가지고!' 흐뭇한 미소가 귀에 걸리려던 순간, 사랑이의 말이 이어졌다. "그리고 우리는 계모의 딸들 같고요."

예쁘다는 게 아니고 쉴 새 없이 일하는 엄마에 대한 애처로움의 표현이었다. 그 뜻을 깨달은 순간, '신데렐라'를 예쁜 얼굴 하나로 로또(왕자)에 당첨된 행운아 정도로만 여기고 있는 내 자신이 한심해 피식 웃고 말았다.

나는 신데렐라다. 화려한 드레스와 빛나는 유리구두를 걸치고 왕자의 품에 안겨 춤추는 신데렐라가 아니라, 계모와 그녀의 딸들을 위해 열심히 일하는 재투성이 신데렐라. 물론 나도 한때는 멋진 왕자님을 만나 동화처럼 살아가는 꿈을 꾸었다. 그러나 현실은 왕자가 아니라 왕자병에 걸린 남자였다.

천지만물을 지으신 세상의 왕이 자기 아버지라고 철석같이 믿고 근심 걱정 하나 없이 살아가는 하늘나라 왕자. 그러나 현실은 극빈자라서 군대조차 면제받은 찢어지게 가난한 거지 왕자, 그가 바로 내 남편이다. 덕분에 나는 여전히 재투성이다. 하지만 나는 믿는다. 누더기 옷을 걸치고도 꿈을 지니고 살아가는 그 재투성이가 진짜 신데렐라임을.

내겐 호박마차도 화려한 드레스도 없지만 왕자님 못지않게 나를 행복하게 해 주는 소중한 아이들이 넷이나 있다. 경건, 사랑, 화평, 승리. 재투성이인 내게 소중한 꿈과 삶의 의미를 부여해 주는 이름들이다. 그러나 가슴 아프게도 이 아이들이 태어날 때 진심어린 축하를 전한 이는 남편뿐이었고, 주변 모든 사람의 반응은 우려와 한숨, 걱정 어린 질책이었다. 우리의 현실이 아이를 키우기에 열악하다 못해 불가능해 보일 정도였으니 말이다.

첫아들 경건이는 결혼 2개월 만에, 그것도 공부를 하겠다고 뒤늦게 대학에 입학하자마자 임신한 사실을 알게 되었다. 사람들은 "아이고, 자알한다! 이제 공부는 다했네 다했어!" "어휴, 조심 좀 하지! 어쩌자고, 쯧쯧." 하며 처녀가 임신이라도 한 것처럼 난리들을 쳤지만 나는 달리 할 말이 없었다.

하나밖에 없는 딸 사랑이를 가진 것은 대학 3학년 때였다. 당시 나는 경건이를 돌봐 줄 사람이 없어 아이를 수업에 데리고 들어가며 힘겹게 학교를 다니고 있었다. 그런 내가 둘째를 계획했을 리 만무하다! 또 사람들은 "애를 업고 수업 듣는 것도 모자라, 둘이나?" "아니, 알 만한 사람이 왜 저러나 몰라!" 하며, 우리 부부를 정말 대책 없는 인간으로 취급했다.

셋째 화평이는 내가 생각해도 기가 막힌다. 사랑이 백일잔치 직후에 들어선 것이다. 아이 둘을 낳아 기르면서도 휴학 한 번 없이 꿋꿋하게 학교를 다니던 내게도 연년생 셋째의 소식은 청천벽력 같았다. 특히나 그때는 나라에서 산아 제한을 하던 시절이었기 때문에 셋째 아이부터는 의료보험조차 적용되지 않던 때였다. 주변 반응은 이제 거의 유구무언이었고, "보기보다 참 용감하네."라는 칭찬인지 야유인지 모를 소리가 그나마 가장 긍정적인 반응이었다.

그러나 화평이가 기어다닐 무렵 넷째를 갖게 되자 사람들은 마치 내 몸 속에 지구인을 멸망시킬 에이리언이라도 자라고 있는 듯 다그쳤다. 심지어 믿음 좋은 시어머니까지도 조심스럽게 "목사라고 죄 안 짓고 산다더냐? 죄 한번 짓고 말지. 어떻게 애 넷을 키운다냐!"라고 말씀하실 정도였다.

사실 누구보다 고민스러운 사람은 나였다. 당장에 가장 큰 문제는 살 집이었다. 애가 많으면 셋방을 얻기도 쉽지 않았다. 그동안에도 우리는 아이를 낳을 때마다 살던 집에서 쫓겨났다. 심지어 계약 기간이 엄연히 남아 있는데도 집을 비워 달라는 주인의 요구로 만삭의 몸을 이끌고 이사한 적도 있었다. 그런데도 남편은 "하나님도 참, 내가 어디가 그렇게 예뻐서 이렇게 많은 자식을 주시지?"라며 네 아이를 하나님의 축복으로 여겼다.

그래서 결국은 이렇게 됐다. 넷째 아이의 이름이 '승리'인 것은 우리 부부의 "최후의 승리"라는 의미에서이다.

네 아이 모두 우리의 계획과는 무관하게 태어났지만, 결국 네 아이는 내 인생의 "최후 승리"가 확실하다. 이들이 내 인생의 기쁨이요, 보람이었으니 말이다. 하지만 이런 말은 이제 와서야 할 수 있는, 험난한 고비를 죽지 않고 살아남은 자의 여유일 뿐, 이십 대 초중반의 꽃다운 내가 넘어야 할 산이 얼마나 높고 험할지를 당시로서는 상상조차 하지 못했다.

남편이 신학대학원을 졸업하자 나는 한시름 놓을 수 있겠다고 생각했다. 이제 풀타임으로 사역을 하면 형편도 좀 나아지겠지. 하지만 웬걸! 남편은 기다렸다는 듯이 폭탄선언을 했다. "우리, 유학 가자!" 미국에 가서 구약을 더 깊이 공부해 성도들에게 좀 더 쉽고 재미있게 성경을 알려 주겠다는 것이다. 정말 멋지고 훌륭한 포부다. 하지만 무슨 수로? 우리 여섯 식구는 뭐 먹고 살 건데? 우리의 유학을 지원해 줄 만한 곳은 하나도 없었다. 당시 5년간 사역했던 교회조차도 그럴 만한 여력이 되지 못한다는 것을 우리는 잘 알고 있었다.

하지만 남편은 하나님만 바라보고 고향과 친척과 아버지의 집을 떠난 아브라함을 따르겠노라고 했다. 그러나 아브라함은 가난뱅이가 아니었다. 또 그는 딸린 아이도 없었고 수종 들 종은 많이 있었다. 반면 나는 도와 줄 사람은커녕 아이만 줄줄이 비엔나소시지였다. 그럼에도 불구하고 우리는 남편이 목사 안수를 받자마자 아무런 경제적 보조도 없이 세 아이와 함께 임신 9개월의 몸으로 미국 유학길에 올랐다.

1993년 1월 14일, 오직 믿음으로 거지 왕자와 만삭의 신데렐라는 올망졸망한 아이들을 데리고 시카고 오헤어 공항에 도착했다.

미국에 도착했을 때 다섯 살, 세 살, 18개월이었던 경건, 사랑, 화평이는 그 이름이 너무도 우스꽝스럽게 불려지는 게 싫어 새로운 이름을 갖게 되었다. 샘(Sam), 세라(Sarah), 데이빗(David). 그리고 미국에서 태어난 막둥이 빅터(Victor). 이것이 미국에서 불리는 내 아이들의 이름이다.

순수 토종 한국인인 내가 미국에서 아이들을 키우는 데는 많은 한계가 있었다. 한국에 있을 때는 진보적이라는 얘기를 심심찮게 들었는데, 미국에서 자라는 아이들에게 나는 꽉 막힌 수구꼴통으로 취급받을 때도 많았다. 기본적으로 한국은 부모와 손윗사람의 권위를 강조하는 유교 문화권인 반면, 미국은 만인 평등을 강조하는 기독교 문화가 주류였다. 기독교인임에도 불구하고, 내가 살아온 사회 전반에 만연한 유교적인 관습이 깊게 배어 있는 내가 아이들과 부딪히는 것은 당연한 일이었는지도 모른다. 아마도 이건 미국에서 자녀를 키운 나만의 문제는 아닐 것이다. 한국역시 아이들의 권익이 높아지는 만큼 부모와 선생님의 권위는 약해지고있으니 말이다.

우리 아이들이 초등학교에 다닐 무렵, 미국에서 가장 기독교적인 도시로 불리는 위튼(Wheaton)에 거주한 것은 행운이었다. 그곳에서 나는 독실한 크리스천 교사, 학부모, 이웃들과 교류하며 미국인의 사고방식과교육 방식을 배우고 익혔다. 아이들을 동등하고 독립된 한 인격체로 존중하고 기르는 그들의 방식은 배울 점이 참 많았다. 나는 아이들과 부딪힐 때마다 한국식 장점과 미국식 장점을 넘나들며 해결책을 모색했다. 물론 미국식 양육 방법에도 문제는 존재한다. 엄격한 기독교 국가인 미국도 지금은 자유방임주의가 넘쳐나 청소년들의 타락과 범죄가 나날이증가하는 추세가 아니던가!

아이들이 사춘기가 되자 엄마로서 무력감을 느끼는 순간이 자꾸만 늘어갔다. 반항하는 아이에게 어떤 해법도 통하지 않아 절망적인 순간들도 많았다. 어리석은 인간에 대한 하나님의 애타는 심정이 비로소 절실하게 와 닿았다. 그럼에도 불구하고 참고, 기다리고, 여전히 사랑해 주시는 하나님을 생각하며 엄마로서의 자세를 가다듬고 다시 해법을 찾아 나갔다. 그렇게 지지고 볶다 보니 아이들은 어느새 홀로 세상을 헤쳐 나갈 수 있을 만큼 훌쩍 자라 있었다.

이 책은 아이들을 명문 대학에 진학시키는 특별한 비법을 말하지 않는다. 나는 단 한 번도 아이들을 명문 대학에 보내겠다는 목표를 세워 본 적이 없다. 내 아이들이 세상에서 꼭 필요한 빛과 소금의 역할을 감당하며 하나님에게 영광 돌리는 인생을 살아가는 것. 이것이 바로 내 양육의 목표였다.

시작은 미약했다. 미국에 데려가 의사소통도 제대로 못하던 아이들에게 어려운 형편 때문에 넉넉한 뒷받침도 해 주지 못했다. 그저 하나님이 아이들에게 주신 재능을 끌어내 발휘할 수 있도록 돕고, 스스로 자신을 관리할 수 있도록 생활 속에서 습관과 태도를 잡아 주다 보니, 아이들은 기대 이상으로 발전하고 성장해 갔다. 이 책은 그렇게 네 아이를 키워 온 이야기다. 그리고 어리고 미숙했던 엄마, 나 자신의 성장기이기도 하다.

올망졸망한 아이들을 데리고 시카고에 간 지 1년이 되던 여름.
이 꼬맹이들을 키우느라 힘들기도 했지만,
아이들이 자라는 동안 나 또한 성장할 수 있었다.

18년 후, 스스로 삶을 헤쳐 나갈 만큼 성장한 아이들. 사랑, 화평, 승리, 경건.
이 사진을 마지막으로 나는 시카고를 떠났다.
그러나 엄마의 빈자리가 허전해 보이지 않는다.

1부

지능과 인성을
먼저 키워라

아이들은 놀면서 크고 놀면서 배운다. 놀이는 아이들을 신체적, 인지적, 언어적, 사회적, 정서적으로 성장시킨다. 즉 놀이는 아이의 성장에 가장 필수적이고 유익한 교과 과정인 것이다. 그러나 한국의 아이들은 지나친 조기교육과 선행 학습으로 가슴은 멍들고 머리는 흥미를 잃어 간다. 엄마도 힘들고 지치기는 마찬가지다. 그래도 어쩔 수가 없다. 남들도 다 하는데 내 아이만 뒤처질 수는 없지 않은가! 옆집 엄마의 양육법이 최고의 양육법일까? 혹은 옆집 아이보다 먼저 가르치면 결국 인생도 그 아이보다 앞서게 되는 걸까?

어린아이에게는 지식보다 지능과 인성을 먼저 가르쳐야 한다. 좋은 농부는 씨를 뿌리기 전에 밭을 갈아 토양을 비옥하게 하는 법이기 때문이다.

넌 왜 그렇게
애들 교육에 무관심하니?

조기교육을 무시한 이상한 엄마

나는 대책 없는 왕고집이었다. 끝내 남들이 하는 육아 방법을 따르지 않았고, 그렇게 나의 소신을 지키다 보니 계모냐는 소리까지 듣게 되었다.

내가 한창 육아를 할 때에는 조기교육을 시키는 부모가 수준 높고 깨인 부모라는 인식이 있었다. 하지만 그때에도 내 생각은 달랐다. '아이는 놀아야 한다!' 이것이 나의 소신이었다. 따라서 아이에게 조기교육을 빙자한 어떠한 암기 교육도 시키지 않았고, 그래서 첫째 경건이는 만 다섯 살이 되도록 한글 자모음도 제대로 깨치지 못했다.

만삭의 몸으로 미국 이주 준비에 여념이 없던 무렵, 경건이를 친정 언니에게 며칠 맡겼다. 아이를 데리러 갔더니 언니가 심각한 얼굴로 말했다. "경건이가 ㄱ, ㄴ도 잘 모르더라?" "응, 아직 안 가르쳐 줬어." 언니는 기가 막힌다는 표정으로 말했다. "아니, 왜 애를 그 나이 되도록 한글을 안 가르쳐?" "냅둬." 심드렁한 내 대답에 언니의 목소리가 살짝 올라갔다. "야! 우리 아랫집 애는 경건이보다 어린데도 한글을 줄줄 읽더라." "아, 알았어. 나중에 가르칠게." 그런 직접적인 비교에도 불구하고 전혀 자극받지 않는 내 모습에 마침내 언니의 목소리가 커졌다. "넌 왜 그렇게 애들 교육에 무관심하니? 아니, 엄마 아빠가 능력이 안 되는 것도 아니고 충분히 가르칠 수 있는데 왜 애들을 안 가르치냐고!"

언니 말이 맞다. 나는 자녀 교육에 무관심한 엄마였다. 교육이라는 것이 어린아이에게 ㄱ, ㄴ을 달달 외워 글자를 읽게 하고 1, 2, 3, 4를 외워 숫자를 세게 하는 것이라면, 나는 분명 아이들 교육에 무관심한 엄마다. 아이를 세 살부터 영어 유치원에 보내는 것이 진정한 교육이라면, 나는 교육에 열의는커녕 개념도 없는 엄마가 맞다!

물론 나도 한때 아직 어렸던 경건이를 유아원에 보낸 적이 있다. 그러나 그것은 조기교육을 위해서가 아니라 한두 살 터울로 태어난 사랑이와 화평이를 돌보기 위해서였다. 그 당시 비좁은 방에서 바닥에다 눕혀 놓고 아기를 키우다 보니 소리 지르고 뛰어노는 경건이가 혹시라도 잠자는 아기를 밟거나 그 위에 넘어질까 해서 도저히 눈을 뗄 수가 없었다. 게다가 나는 넷째 아이를 임신한 상태였고, 또 주일학교 전도사로 할 일이 산더미였다. 형편이 어려워 천 기저귀를 쓰다 보니 정말 분신술이라도 배워야 할 판이었고, 그런 상황에서 힘들게 재운 아기를 깨우기라도 하면 큰 아이를 향한 짜증과 화가 폭발했다. 아기가 자는 시간에도 불안해서 일을 할 수가 없었고, 결국 아기를 업고 이 일 저 일을 하다 보니 몸은 천

두 아이를 키우며 대학에 다니던 시절.
엄마가 내일 기말고사를 본다는 것을 알 턱이 없는 경건이와 사랑이.

근만근이었다. 그럴수록 경건이에게 야단치고 화내는 일이 점점 더 늘어났다. 그 마음과 동일하게 좁은 집에서 매일같이 혼나는 아이가 불쌍했다. 그래서 교회 부설 유아원에 보내 마음 편히 놀 수 있게 했다. 그러나 아이가 피곤해 보이거나 가기 싫어하는 날에는 집에서 쉬게 했다. 경건이는 출석률이 심히 불량한 아이였다. 아이가 유아원에 가고 나면 아기가 잠에서 깰 일이 별로 없었다. 사랑이는 아직 뛰며 놀 나이도 아니었고, 또 여자아이라 그런지 아기를 다루는 데 조심성도 있었다. 그동안에 나는 재빨리 할 일들을 해치웠고 경건이가 돌아오면 함께 놀아 줄 여유도 갖게 되었다. 나는 교육이 아닌 아이를 마음껏 놀게 하려고, 또 내가 아이와 놀아 주려고 일찍이 유아원에 보낸 것이다.

〈토끼와 거북이〉 우리 집 버전

우리 집에서 정식으로 유아원(preschool)을 다닌 아이는 승리다. 공립 유치원 이전의 교육 시설은 유료였지만, 영세민 가정의 시민권자 자녀들은 무료로 다닐 수 있었다. 미국에서 태어나 시민권자가 된 승리는 이 혜택을 받을 수 있었다.

당시 나는 풀타임으로 일을 했고, 남편은 풀타임 학생이었다. 우리는 아이들의 교육보다 생존이 시급했고, 교육의 질을 떠나 무료로 안전하게 아이를 맡길 곳이 있다는 것만으로도 다행스럽게 생각했다.

승리는 만 세 살부터 2년 동안 꼬박꼬박 유아원을 다녔다. 미국의 유아원은 특별히 지식 교육을 시키지 않지만 그럼에도 불구하고 승리가 다른 세 아이보다 앞섰다는 것을 부인할 수는 없다. 공립 유치원에 들어갈 당시 영어도 제대로 구사하지 못하던 형과 누나에 비해 승리는 영어를 잘 알아듣고 또 의사 표현도 할 수 있었으니까 말이다. 또 내가 매일 밖에서 12시간씩 일하는 동안, 세심하게 동생을 잘 돌보는 사랑이가 승리에게 영어 알파벳과 읽기를 가르쳤다. 덕분에 승리는 우리 집에서 유치원 때 글을 읽은 유일한 아이가 되었다. 내가 생계에 매달리는 사이, 승리는 본의 아니게 조기교육을 받게 된 것이다.

그렇다면 유일하게 조기교육을 받은 승리는 어떻게 되었을까? 어린 시절의 승리는 다른 세 아이에 비해 눈에 띄게 똑똑했다. 바로 위 화평이는 객관적으로도 승리에 비해 많이 뒤처졌다. 그러나 승리의 영광은 초등학교 때까지였을 뿐, 중학생이 되어서부터는 서서히 화평이에게 밀리기 시작했다.

반면 화평이는 우리 집에서 가장 느린 아이다. 걷는 것, 말하는 것, 배우고 익히는 모든 것이 가장 늦었다. 그러다 보니 철없는 동생한테까지 바보라는 놀림을 받고 눈물을 쏟고는 했다. 화평이는 우리 집 거북이다. 전래 동화 〈토끼와 거북이〉의 이야기는 우리 집에서도 그대로 재현되었다.

지적, 신체적 발달이 더뎠던 거북이 화평이는 인내심과 끈기, 집중력, 성실함에서 그 누구보다 뛰어났다. 화평이는 자기가 책을 몇 시간이나 보았는지 모를 때가 많았고, 형제들에게 놀림을 받았을 때도 자기 방으로 돌아가 늘 책을 읽었다. 책은 화평이의 힐링 도구였다. 화평이가 3학년 때, 한번은 또 책에 빠져 시간 가는 줄 모르고 있길래 무슨 책인가 궁금해서 들여다봤다. 중학생 경건이의 사회 교과서였다. 화평이는 그 무렵부터 이미 흥미 위주의 독서를 넘어 책을 읽는 그 자체가 습관이 되어 있었고, 새로운 지식을 터득하는 즐거움을 알아가고 있었다.

느리지만 꾸준하고 성실한 거북이 화평이의 저력은 학년이 올라갈수록 진가를 드러냈다. 중학교 이후로 탄력을 받아 무섭게 치고 나가더니, 케네디 대통령의 모교로 유명한 명문 사립학교 초우트에 4년 전액 장학생으로 들어가 수석(School Seal Prize Winner)으로 졸업한 것이다. 그리고 당당하게 하버드대학과 예일대학에 합격했다.

그에 맞설 우리 집 토끼는 경건이다. 경건이는 네 아이 가운데 머리가 가장 좋았다. 경건이를 가졌을 때 독한 항생제를 먹어서 기형아가 아닐지 걱정을 많이 했는데, 아무래도 그때의 약기운이 머리로 간 모양이다. 경건이는 일리노이 수학과학고등학교(Illinois Math & Science Academy, IMSA)를 졸업했다. 미국의 지도자를 양성한다는 목표로 일리노이 주가 엄청난 세금을 들여 운영하는 공립 기숙사 학교이자 미국 내에서도 독특한 교육 방식으로 인정받는 영재 고등학교이다.

경건이는 고교 시절에 하버드 진학도 가능한 아이로 여겨질 만큼 뛰어났다. 하지만 거북이 화평이에게 있는 인내심과 성실성은 부족했다. 힘들다고 쉬어 가던 토끼는 하버드, 예일, 스탠퍼드까지 모두 떨어지고 결국 듀크대학에 들어갔다. 자만심에 빠졌던 토끼는 자신보다 더 빠른 토끼들이 엄청나게 많다는 사실을 그제야 깨달았다. 게다가 얕잡아 봤던 거북이 화평이가 하버드와 예일에 올라 깃발을 날리는 모습을 보자, 잠자던 토끼는 깊이 반성하고 일어나 힘껏 뛰었다. 그리고 마침내 하버드 로스쿨과 예일 로스쿨에서 합격 통지서를 받았다.

교육의 적기는 도대체 언제일까?

모든 일에는 때가 있다. 교육에 있어 적기는 바로 아이가 흥미를 보일 때라고 나는 믿는다. 경건이는 만 5세가 되어갈 무렵 글씨에 흥미를 보이기 시작했다. 시키지도 않았는데 동화책의 제목을 그대로 옮겨 적거나, 〈TV유치원〉에서 가르쳐 주는 단어들을 따라 쓰기 시작했다. 그리고 자기 이름을 비롯해 사물의 이름에 대해 묻고 적기 시작했다. 처음에는 아이가 관심을 갖는 단어만 가르쳐 주고 대화를 통해 여러 단어를 사용했더니 아이는 글씨에 대해 더 깊은 관심을 갖게 되었다. "엄마, 이건 뭐예요? 어떻게 읽는 거예요?" 아이는 스스로 글씨를 읽고 싶어 했고, 본격적인 한글 교육은 그때부터 시작되었다.

아이가 원하는 것을 원하는 때에 가르치는 일은 그리 어렵지 않다. 아이 스스로 재미있어 하기 때문에 아이와 신경전을 벌이거나 진을 뺄 일이 별로 없다. 아이는 글자를 읽고 쓰는 그 자체를 놀이로 받아들이기 때문이다.

그렇게 아이가 읽기에 재미를 붙이면 그 관심을 책으로 돌려줘야 한다. 중요한 것은 아이의 수준에 맞는 책, 즉 아이의 어휘력과 표현력에 적합한 책을 고르는 것이다. 아이가 책을 읽고 그 내용을 이해하게 되면, 아이는 책에 강한 흥미를 갖게 된다. 엄마로부터 듣던 이야기를 책에서 보게 되고, 책 속에는 무궁무진한 이야기가 있다는 것을 알게 된다. 새로운 세계를 만나게 되는 것이다. 우리 아이들은 그렇게 책에 빠지게 되었다.

중요한 것은 터를 마련하는 것이다. 어휘력이나 표현력을 기르기도 전에 글씨를 읽는 기술을 먼저 가르친다면 그것은 마치 땅을 갈기도 전에 씨를 뿌리는 것과 같다. 물론 심었으니 싹이 틀 수도 있다. 그러나 그 이후의 성장은 비옥한 토지에 심겨진 씨앗과는 비교할 수가 없다.

좋은 농부는 씨 뿌리는 때를 잘 알고 있다. 밭을 갈아야 할 때에 씨를 뿌리는 옆집 농부를 보며 조급해 한다면 이미 좋은 농부가 아니다. 때가 되면 열매는 거둘 것이다. 괜히 남보다 먼저 수확하겠다고 비료와 농약만 뿌려 댄다면, 알맹이 없는 쭉정이나 몸집만 불어 설익은 열매가 될 수도 있다. 또 씨앗마다 수확 시기도 다를 것이다. 여름에 수확하는 것도 있고, 겨울에 수확하는 것도 있는 법. 애초에 씨앗이 다른데 먼저 거두는 농부를 보며 조바심칠 필요는 없다. 때에 맞게 물도 주고, 가지를 쳐 주고, 벌레도 잡아 주면 반드시 거두게 될 것이다.

진정한 의미의 조기교육

내 아이가 늦다고 해서 다른 아이와 비교하며 조바심치지 말자. 그래도 비교라는 것을 해야 안심이 된다면, 암기량보다는 표현력과 사고력을 비교하자. 창의력과 상상력, 이해력 등이 기계적으로 외운 암기량보다 훨씬 더 중요하다.

나는 지식이라는 씨를 뿌리기 전에 지능을 계발하는 데 주력했고, 집중력, 성실성, 인내심, 끈기 등의 학습 태도를 길러 주기 위해 노력했다. 그렇게 학습의 바탕이 되는 터를 닦아 주면 지식이 심겨졌을 때 알곡이 맺힐 것이라고 확신했다. 물론 당장에는 그 결과가 보이지 않는다. 경건, 사랑, 화평이는 유치원에 들어갈 무렵 영어는 물론이고 알파벳도 거의 알지 못했다.

사랑이와 화평이가 공립 유치원에 들어갈 즈음 우리 동네에는 특수 학교가 있었다. 지적, 정신적인 장애로 정상적인 학습을 수행할 수 없는 아이들이 가는 학교였다. 그런데 사랑이를 공립 유치원에 데려갔더니, 선생님이 특수 학교로 가라는 것이다. 아이의 영어 실력이 3세 미만 수준이라, 정상적인 아이들과 공부를 할 수 없다는 이유에서였다. 우리 아이들의 영어 실력이 떨어진다는 것은 나도 잘 알고 있었다. 하지만 지적 능력에는 문제가 없다는 것을 믿었고, 이 정도면 수업을 따라잡을 만한 기초는 충분하다고 확신했다. 그래서 간곡히 부탁했다. "아이가 수업을 못 따라가는 부분은 집에서 가르칠 테니, 제발 입학시켜 주세요." 그렇게 해서 사랑이는 겨우 공립 유치원에 들어갈 수 있었다.

물론 선생님도 사랑이도 초반에는 힘들었다. 그러나 사랑이에게 뿌려진 지식의 씨앗들이 비옥한 터전에서 무성하게 자라나기 시작했고, 과정을 마칠 즈음에는 반에서 공부도 가장 잘하고 책도 가장 잘 읽는 아이가 되었다.

화평이는 그다음 해에 공립 유치원에 입학했는데, 화평이의 경우는 사랑이보다 더 심각했다. 미국은 8월 말에 새 학기가 시작되는데, 화평이는 8월 17일생이라 입학 연령 커트라인을 겨우 통과할 수 있었다. 선생님은 연령도 어린데다 영어 구사력도 부족한 화평이를 1년 후에 오거나 특수 학교로 갈 것을 강하게 권했다. 하지만 우리는 "세라에게도 특수 학교를 권하셨지만, 이렇게 잘 적응해서 공부도 잘하고 있잖아요. 세라처럼 부족한 부분은 잘 가르칠게요."라고 부탁했고, 화평이는 결국 공립 유치원에서 그해 가장 어린 신입생이 되었다. 그리고 사랑이와 마찬가지로 우리의 생각이 옳았다는 것을 입증했다.

나는 어린아이들에게 집중력, 끈기, 성실함, 창의성, 책 읽는 습관, 논리적으로 말하기, 자기 주도적 학습 태도 등을 길러 주는 것이 진정한 의미의 조기교육이라고 믿는다.

배움의 길은 단거리 경주가 아니고, 평생에 걸친 장거리 마라톤이다. 마라톤에서는 꼼수가 통하지 않는다. 기초 체력과 끈기 그리고 강한 정신력이 기술보다 더 중요하다. 주입식, 암기식, 선행 학습 등이 당장에는 성과가 있는 듯 보이지만, 장거리에서는 그 이상의 것들이 필요하다. 고등학교 때까지는 국제 수학 과학 올림피아드에서 상위권을 휩쓰는 한국 아이들이 정작 노벨상 하나 못 받는 데는 이유가 있는 것이다.

반면 학습에 바탕이 되는 좋은 태도나 습관을 가진 아이들은 초반에는 거의 눈에 띄지 않는다. 하지만 탄력을 받기 시작하면 무섭게 성장한다. 이런 태도나 습관은 타고난 재능보다 훨씬 더 파워풀하다.

마라톤에서는 자기 페이스를 유지하는 것이 가장 중요하다. 남을 의식해서 동요하면 결국 자기 페이스를 잃게 되고 쉽게 지쳐 버린다. 결국 실력 발휘를 제대로 못하게 되고, 심한 경우에는 완주조차 불가능해진다. 다른 사람과 비교하는 것은 단지 악마의 유혹일 뿐이다. 기초 체력을 탄탄히 쌓았다면 한번 믿어 보자. 뚝심 있게 자기 페이스를 유지해 가는 정신력이 바로 승리의 비결이다.

네 자녀를
노엽게 하지 말라

쥐어짜다가는 결국 찢어져 버린다

아이가 스트레스를 받게 되면 교육의 효과는 확연히 떨어진다. 왜 공부를 해야 하는지 그 이유도 납득하지 못한 상태에서 공부를 강요받게 되면, 억울함까지 쌓여 분노나 좌절감으로 이어지게 된다.

중학교 진학을 앞둔 경건이는 영재반에 들어갈지의 여부를 가리기 위해 SAT 시험(Scholastic Aptitude Test)을 봐야 했다. 미국은 학군마다 정책이 다른데, 경건이가 속한 학군에서는 영재를 선발해 정규 수업 전에 한 시간씩 더 수준 높은 교육을 시켰다. 영재반에 들어갈 아이들을 뽑는 기준은 SAT 점수였다.

SAT는 미국의 12학년(고3) 학생들이 대학에 진학하기 위해 치르는 대입수능시험이다. 그러나 고3 수험생뿐 아니라 초등학생도 신청만 하면

치를 수 있고, 난이도에 따라 초등학생이 풀 수 있는 문제들도 있다. 경건이네 학군에서는 영어와 수학 1,600점 가운데 1,000점 이상이면 영재로 분류했다.

학교에서 시험을 보라는 통지를 받자 도서관에서 SAT 문제집을 빌려다 주었다. 출제 유형을 살펴보고, 풀 수 있는 문제는 풀어 보라는 뜻이었다. 아이가 한창 집중하고 있을 때 친구들이 놀자고 찾아왔지만, 경건이는 나가지 못하고 계속해서 문제를 풀었다. 그러더니 갑자기 버럭 화를 내며, "나는 이제 겨우 6학년인데 왜 이런 걸 풀어야 해요!" 하고 울기 시작했다.

나는 경건이가 영재반에 들어가길 원했다. 경건이는 특히 수학을 잘했는데 수업 시간에 배우는 수학은 아이에게 너무 쉬웠고, 나는 경건이에게 더 많은 도전이 필요하다고 생각했다. 그러나 울며 화를 내는 아이에게 더 이상 공부를 강요할 수는 없었다. 그렇게 스트레스를 받고 있는 아이에게 억지로 공부를 시킨들 무슨 효과가 있을까? 하는 수 없이 아이를 달래며 말했다. "경건아, 학교에서는 네가 영재반에 들어갈 만한 능력이 있다고 생각해서 시험을 보라는 거야. 엄마도 네가 영재반에 들어가면 훨씬 더 성장할 수 있다고 생각했어. 하지만 시험 때문에 이렇게 화가 나고 속상하다면 그만둬도 돼. 그냥 지금 클래스에서 공부하지 뭐. 힘들면 그만하자."

더 이상 하지 않아도 된다는 말에 아이의 거친 호흡이 잦아들었다. 아이가 자리에 앉아 마음을 가라앉히는 것을 보고 나는 다시 부엌으로 돌아와 일을 하고 있었다. 그런데 잠시 후, 경건이가 한껏 밝은 표정으로 달려와 흥분된 목소리로 외쳤다. "엄마, 나 아까 그 문제 풀었어요. 아무리 해도 풀리지가 않아서 화가 났었는데, 다시 하니까 풀렸어요!" "그래? 학교에서 배운 거였니?" "아니요. 안 배운 문제에요." "정말? 배우지도 않은 걸 어떻게 풀었어?" "이렇게 하면 되지 않을까 하고 해 봤더니 풀렸어요!"

경건이는 자기 의사와 상관없는 시험 준비 때문에 스트레스를 받고 있었다. 그런데다가 친구들과 놀지도 못하고 풀리지 않는 문제와 씨름하자니 억울하고 속상했던 것이다. 그런데 힘들면 안 해도 된다는 말에 부담감이 사라졌고 억울함과 분노도 이내 없어졌다. 가벼워진 마음으로 책을 덮으려던 아이는, 마지막으로 풀리지 않던 문제에 다시 도전했고 결국 풀었다. 그리고 아이는 정말이지 행복해했다.

스트레스가 건강과 공부의 적이라는 말은 너무도 당연하다. 물론 아이가 원하는 대로 해 주다가는 남들보다 뒤처질까 두려운 마음도 백 번 이해한다. 그러나 잊지 말아야 할 것은 마구잡이로 쥐어짜다가는 결국 찢어질지도 모른다는 사실이다.

본보기 교육이 가장 효과적이다

나는 어려서 가난한 가정 형편 탓에 공부를 제대로 하지 못한 것이 오랜 한이었다. 고등학교 때부터 돈을 버느라 야간 상고를 다녔고, 졸업 후에는 회사에 다니며 방송통신대학 유아교육과를 마쳤다. 그러나 여전히 공부에 대한 미련이 남았다. 결국 뒤늦게 인문계 과정을 공부해서 결혼 후 총신대학에 진학했다. 사람들은 여자가 결혼했으면 그만이지 이제 와서 공부는 뭐하러 하느냐고 말했다. 또 입학하자마자 아이를 갖고도 여전히 공부를 포기하지 않자 다시 "애나 잘 키우지, 뭐하러 공부는 쯧쯧." 하며 혀를 찼다.

나 역시 방학 동안에 아이를 낳고 참으로 암담했다. 아이를 돌봐 줄 사람도 없었고, 아이를 어딘가에 맡길 여력도 되지 않았다. 아이 때문에 결국 여기서 그만둬야 하나? 그러나 아이 때문이라고 핑계하기에는 비겁하다는 생각이 들었다. 혹여 내가 포기하게 된다면 그것은 육아와 학업을 모두 감당할 수 없는 나의 부족한 능력 탓이지 아이 탓이 될 수는 없었다. 나는 아이를 빌미로 포기하는 것보다는 차라리 부딪쳐 보는 쪽을 선택했다.

물론 힘들었다. 선택 과목은 같은 학교 대학원 과정을 공부하는 남편과 수업이 겹치지 않도록 조정할 수 있었지만, 필수 과목이 겹치면 아이를 수업에 데리고 들어가야 했다. 아이가 칭얼대면 바로 나갈 수 있도록, 아이를 들쳐 메고 문 옆에 서서 수업을 들었다. 집에 와서도 힘들기는 마찬가지였다. 종이기저귀는 비싸서 쓸 수 없고 세탁기도 없어 천 기저귀를 매일같이 빠느라 손은 늘 짓물러 있었다. 또 밤이면 몇 번씩 깨는 아이 때문에 잠도 제대로 잘 수가 없었다. 그래도 우리는 공부하기를 포기하지 않았다.

그런데 늘 공부하는 엄마 아빠를 보고 자란 경건이가 우리 흉내를 내기 시작했다! 아이는 나와 똑같이 연필을 쥐기 원했고 책을 보길 원했다. 물론 당시로서는 전혀 달갑지 않은 일이었다. 어린아이에게 연필은 흉기가 될 수 있었고, 연필을 주지 않으면 떼를 쓰는 아이 때문에 나는 신경이 곤두서곤 했다. 아이가 책을 가지고 노는 것도 반갑지 않았다. 아이는 검은 글씨가 빼곡한 전공 서적에 그림을 그려 넣고 심지어 북북 찢고 놀기도 했다. 그것이 경건이가 가장 좋아하는 놀이였다.

그러나 신경 곤두서던 그 시기가 지나자 상황은 바뀌었다. 경건이는 장난감보다 책을 좋아했다. 두 살이 되면서부터는 강의실에서 연필과 공책만 쥐여 줘도 한동안은 조용히 버틸 수 있었다. 나중에 아이가 지겨워져서 끙 소리를 내자, 한참 강의하던 교수님이 아이가 있었느냐며 놀랄 정도였다. 아이는 없는 시간을 쪼개느라 화장실에 책을 들고 다니는 습관까지 따라했다. 혼자 화장실에 갈 수 있을 때부터 아이는 화장실에 가서도 그림책을 들여다보았다.

이 모습을 모두 곁에서 지켜 본 이들은 경건이가 공부를 잘하는 건 전혀 이상한 일이 아니라고 말한다. 대학 강의로 태교를 했고, 태어나면서부터 엄마와 함께 대학에 다닌 경건이. 엄마가 4학년 봄에 사랑이를 낳자, 경건이는 아빠를 따라 신학대학원을 다녔다. 그리고 만 다섯 살에 미국에 와서 공립 유치원에 들어갔다. 대학, 대학원을 거쳐 유학을 온 것이다. 그렇게 초고속 엘리트 코스를 밟은 경건이가 공부를 못한다면 그게 이상한 일이 아니겠냐고 사람들은 반문한다. 아이들은 부모를 보고 배운다. 본보기 교육은 잔소리나 스트레스 없이 아이를 움직일 수 있는 초강력, 초고단수의 방법이다. 예수께서도 제자들에게 본을 보이며 말씀하셨다. "내가 너희에게 행한 것 같이 너희도 행하게 하려 하여 본을 보였노라"(요한복음 13:15).

공부하는 부모의 품에서 자란 경건이.
아이가 공부하는 부모를 흉내 내어 어릴 적부터 책을 가까이 하게 된 것은
4년간 아이를 키우며 대학에 다닌 일의 가장 큰 성과였다.

우리 아이들이 공부 잘하는 이유

우리 아이들은 조기교육도 선행 학습도 학원 교육도 시키지 않았는데 늘 전 과목 A를 받아 오곤 했다. 나는 처음에 미국 학교의 평가 기준이 한국보다 느슨한 줄 알았다. 그런데 어느 날, 젊은 엄마들이 모인 자리에서 누군가 내게 물었다. "사모님네 애들은 다 올 A 받죠?" 그 말에 나는 별생각 없이 "미국 학교는 A를 너무 쉽게 주는 것 같아요. 그렇죠?" 하고 대답했다. 순간 분위기가 썰렁해졌다. "사모님, 그렇게 말씀하시면 안돼요. 그럼 A 못 받는 애들은 뭐가 되는 거예요?" 그 말에 내 등골도 서늘해졌다. 큰 실수였다.

그 이후부터 나는 아이들이 전 과목 A를 받아 오는 것이 기특하고 고마웠다. 중학교에 들어가서도 여전히 좋은 성적을 받자 어느 날은 궁금해졌다. "아무리 봐도 천재는 아닌데, 어떻게 이렇게 올 A를 받지?" 그러자 화평이가 그것도 모르냐는 듯 고개를 살짝 꺾어 올려보며 말했다. "엄마, 우리가 학교에서 얼마나 열심히 공부하는 줄 알아요?" 사내 녀석들보다 표현력이 뛰어난 사랑이가 곁에서 부연 설명을 했다. "엄마, 엄마가 우리를 행복하게 해 주려는 걸 아니까, 우리도 엄마를 행복하게 해 주려고 열심히 공부하는 거라고요."

나는 사랑이의 말 속에 자녀 양육의 정답이 있다고 생각한다. "네 자녀를 노엽게 하지 말라."

하나님은 왜 부모들에게 이 말씀을 주신 걸까? 네 자녀를 사랑하라, 네 자녀의 허물을 용서하라, 네 자녀를 오래 참으라 등, 자녀를 잘 키우기 위한 지침은 수없이 많을 텐데 말이다.

우리 아이들이 열심히 공부할 수 있었던 비결은, 다름 아닌 '엄마 아빠가 우리를 행복하게 해 주기 때문'이라는 것이다. 즉 부모가 자녀를 노엽게 하지 않으면, 자녀는 기꺼이 부모를 존중하고 부모를 기쁘게 하는 일을 하려고 한다는 것이다. 그렇다면 "네 자녀를 노엽게 하지 말라."는 말씀은 자녀는 물론 부모를 위한 것이기도 하다. 자녀와 부모가 함께 행복할 수 있는 놀라운 해법인 것이다.

　부모가 아이를 옆집 아이와 비교하듯 아이들도 커가면서 자신의 부모와 다른 부모를 비교하게 된다. 우리 아이들도 마찬가지였다. 자녀의 의사를 무시하고 강압적으로 대하는 부모들을 보면, 아이들은 몸을 부르르 떨며 말했다. "엄마 아빠가 그렇게 하지 않아서 정말 다행이에요." 반대로 부모로부터 지나치게 해방된 아이들의 자유도 좋아하지 않았다. 물론 어릴 때는 그런 친구들을 부러워했지만, 중학생이 되고서는 그런 친구들이 갈수록 통제 불능이 되어 간다는 것을 깨닫게 된 것이다. 네 아이 중 사랑이는 특별히 사회성이 높아 친구가 아주 많은 편인데, 한번은 사랑이가 내게 이런 말을 했다. "엄마 아빠는 완벽해요. 우리가 버릇없어질 만큼 지나치게 잘해 주지도 않고, 우리가 슬플 정도로 지나치게 무섭게 하지도 않으니까요."

　행복은 성적순이 아니다. 하지만 성적은 행복 여부와 무관하지 않다. 행복한 아이는 정서적으로 안정되고, 정서적으로 안정된 아이는 공부도 더 잘하기 때문이다. 아이를 일등으로 만들겠다는 조바심을 버리고 남보다 행복하게 만들어 주자. 남보다 앞서야만 행복해진다고 우기지는 말자. 그저 등 떠밀려 앞줄에 서는 것이 과연 행복할까? 언제 추락할지 몰라 불안하지는 않을까? 열심히 앞에서 끌어 주고 당겨 주는 일에만 힘쓰지 말고, 따라오는 아이가 행복한지 불행한지도 가끔 눈여겨보자. 아이가 지치고 힘들어 한다면 잠시 쉬어가는 것도 지혜가 아니겠는가?

애들이 저렇게 놀기만 해도
되는 거예요?

놀이 그 자체가 교육

나는 직장에 다니며 방송통신대학에서 유아교육을 전공하고 유치원 2급 정교사 자격증을 취득했다. 물론 당시 배웠던 거창한 이론들을 다 기억하지는 못한다. 선을 따라 가위질을 하거나 색을 칠하는 것이 눈과 손의 협응력을 기른다든지, 대근육, 소근육의 발달이라든지 하는 전문적이고 상세한 내용 따위는 몰라도 상관없다. 중요한 것은 어린아이들에게 놀이란 그 자체가 교육이며, 그것도 가장 중요한 전공필수 종합과목이라는 사실이다.

아이들은 놀면서 배우고 놀면서 큰다. 아이가 놀이터에 나가 모래투성이가 되어 돌아왔을 때, 엄마의 눈에는 그저 늘어난 일거리로만 보일지도 모른다. 그러나 아이는 지금 막 수업을 끝내고 돌아온 것이다. 뛰놀며 신체를 발달시켰고, 모래를 만지며 오감을 배웠고, 모래성을 지으며 상상력과 창의력을 길렀다. 친구와 함께 모래성을 지었다면 사회성과 협동심을 추가로 익혔고, 만약 모래성이 무너져 다시 모래를 꼭꼭 다져가며 더 튼튼하게 지었다면, 아이는 문제 해결 능력을 배워 온 것이다. 그리고 실컷 놀고 온 아이는 무엇보다 기분이 좋아졌다. 놀이를 통해 아이는 신체적, 인지적, 언어적, 사회적, 정서적으로 성장하게 된 것이다.

아이에게는 먹는 것도 놀이가 될 수 있다. 다른 아이들도 그랬지만, 막내 승리는 생후 6개월부터 음식을 받아먹지 않고 스스로 먹으려고 했다. 수박을 긁어서 먹이려고 하면, 도리질을 하며 썰어진 수박을 달라고 손을 내밀었다. 아이는 씨를 뺀 수박을 잇몸으로 물고 빨고 만지작거렸다. 수박의 맛과 감촉과 냄새, 그리고 손으로 꼭 쥐면 팔뚝을 타고 흐르는 물의 느낌까지 이 모든 것을 직접 경험하기를 좋아했다.

다 같이 밥을 먹을 때도 아이는 형이나 누나의 밥그릇을 빼앗으려 들었다. 하는 수 없이 그릇에 밥을 담아 주면, 아이는 그것을 열손가락으로 만지작거리며 입으로 가져갔다. 물론 곧장 입 속으로 들어갈 리는 만무했다. 온 얼굴이 밥풀이고, 식탁이나 옷은 물론 카펫 바닥까지 밥풀떼기 천지를 만들었다. 식사가 끝나면 아이는 늘 욕실행이었다. 밥알이 입 속으로 직행할 수 있는 그날까지 쭉.

내가 만약 그 시기의 아이들이 모든 것을 손으로 만져 보고 입으로 확인하려 한다는 유아 발달 과정을 몰랐다면, 정말이지 감당하기 힘들었을 것이다. 또 놀이의 진정한 의미를 몰랐다면, 물리적인 힘으로 아이를 기어이 누르고 저지했을 것이다. 그러나 승리는 지극히 정상적인 발달 과

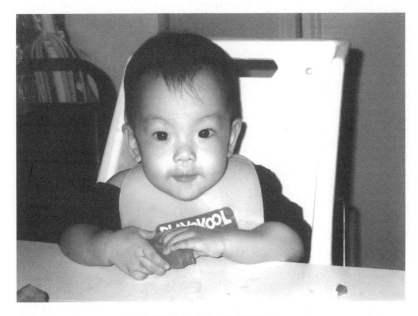

생후 6개월 무렵, 탐구 수업 중인 승리.
이 시기의 아이들은 오감을 통해 사물을 인지하고 배워 간다.
일거리가 늘어나더라도, 아이가 학습 중이라 생각하면
고된 육아도 견딜 수 있는 힘이 생긴다.

정을 거치고 있었고, 그것이 사물을 인지하며 세상을 배워가는 아이의 방식이었던 것이다.

세 살 무렵이 되면 아이들은 자유롭게 걷는다. 이에 따라 관심 영역과 활동의 폭이 넓어지고 지적 호기심도 늘어난다. 그때부터 나는 순수한 놀이에 지능 계발을 돕는 놀이들을 추가해 갔고 다섯 살 무렵부터는 아이들이 좋아하는 놀이에 교육적인 요소를 더하기 시작했다.

놀이의 중요성을 강조하는 학자들은 의도적인 목적이 가미되지 않은 순수한 놀이를 선호한다. 아이가 하고 싶은 놀이를 하게 하라는 것이다. 그러나 나는 거기까지는 실행하지 못했다. 조기교육이 난립하던 시절에 아이를 키워 온 엄마로서의 한계라고 할까? 그래서 내가 실행한 놀이 교육은 학자들의 기준에서 본다면 반쪽짜리에 불과하다. 그럼에도 불구하고 내가 부족한 경험을 늘어놓는 이유는 간단하다. 암기 위주의 조기교육이 없어도 하버드, 예일 같은 명문 대학에 합격할 수 있다는 것과 비록 반쪽짜리 놀이 교육일지라도 아이들에게 스트레스를 주는 강압적인 교육보다는 훨씬 좋은 열매를 맺을 수 있다는 것이다.

다행히 요즘 젊은 엄마들은 놀이의 중요성을 많이 인식하고 있는 듯하다. 그런데 발 빠른 업체들이 놀이를 또다시 교육 사업으로 벌려 돈벌이에 나서는 모양이다. 하지만 아이에게 엄마보다 좋은 선생님은 없다고 말해 주고 싶다. 엄마만큼 사랑으로 아이와 놀아 줄 수 있는 사람은 없다. 어떤 교사도 엄마만큼 아이에게 관심을 기울이지는 않는다. 또 제아무리 좋은 교육 기관이라 할지라도 교사 당 학생 수가 가정만큼 적은 기관은 없다. 그만큼 선생님의 손길이 아이 하나하나에 세심하게 미칠 수가 없다는 말이다. 아이에게 가장 효과적인 맞춤식 교육에는 그 아이를 제일 잘 아는 엄마가 최고의 적임자이다. 엄마와 함께 노는 아이는 덤으로 정서적 안정도 누릴 수 있다. 평생 간직될 행복한 유년의 추억과 엄마와의 좋은 관계는 돈으로 그 가치를 환산할 수 없는 엄청난 보너스다.

지식 교육도 놀이처럼

나는 공부도 놀이나 게임을 하듯 가급적 스트레스를 덜 주는 방식으로 가르쳤다. 공부에 대한 흥미를 잃지 않는 것이 가장 중요하고, 또 배움의 즐거움을 알려 주기 위해서였다.

처음 아이들에게 한글 자음을 가르칠 때 색칠 그림책에 있는 그림들을 활용했다. 그림 속에 한글 자음과 비슷한 선이나 모양이 있으면 미리 두껍게 칠해 놓고, 색칠을 하면서 그것들을 찾게 했다. 아이들은 숨은그림찾기 하듯 글자를 찾았고, 찾으면 신이 나서 소리를 질렀다. 그러면 나는 아이들이 찾은 글자의 이름을 말해 주는 식이었다.

또 빙고 게임은 자음 모음을 가르치는 데 아주 좋은 도구였다. 백지에 칸을 그려 한글 자음을 마구잡이로 흩어 적은 후 아이들에게 나눠 주고, 나는 글씨가 적힌 카드를 하나씩 들어올린다. 'ㄱ' 카드를 들어 올리며 "기역"이라고 말하면 아이들은 똑같이 생긴 글씨를 찾는다. 아이들이 글씨를 찾을 동안 나는 계속 "기역"이라는 이름을 반복해서 말한다. 아이들이 마침내 똑같이 생긴 글씨를 찾아 그 위에 바둑알이나 종잇조각을 올려놓는다. 그러면 아이와 함께 "기역!"을 다시 한 번 외친다.

이 놀이만으로도 아이는 '기역'을 예닐곱 번은 듣게 되고, 똑같은 글자를 찾기 위해 'ㄱ'이라는 글자 모양이 머리에 각인될 때까지 계속 쳐다본다. 'ㄱ'을 열 번씩 쓰면서 외우라고 하면 지겨운 일이겠지만, 게임을 통한 학습은 'ㄱ'을 자연스럽게 익힐 수 있게 했다. 그렇게 다섯 개의 글자를 일렬로 맞출 때까지 반복하면, 아이들은 꽤 많은 공부를 하게 된다. 하지만 우리 아이들에게 이 과정은 지루한 학습이 아니라 한글 빙고 게임인 것이다.

아이들이 한글 자모음에 익숙해진 후, 그 순서를 외우게 할 때는 선 잇기 그림을 활용했다. 숫자를 순서대로 따라가며 선을 그어 그림을 완성하는 자료에서 숫자를 지우고, 대신 한글 자음 순서로 다시 쓰는 것이다. 아이들은 자음의 순서대로 선을 이어가며 그림을 완성시키고 거기에 색칠을 했다.

아이들이 한글을 읽게 된 후 단어 공부를 시킬 때도 마찬가지였다. 단어 역시 빙고 게임을 활용할 수도 있고, 철자가 맞는 단어 찾기 등 게임식으로 할 수도 있다. 예컨대 왼쪽 칸에는 바른 철자로 쓰인 단어를 적고, 오른쪽 칸에는 비슷하지만 철자가 약간씩 다른 단어들을 대여섯 개 적어둔다. 오른쪽에 적힌 대여섯 개의 단어 중 정답을 찾으려면, 올바른 철자로 쓰인 단어를 계속 쳐다보고 확인하게 된다. 이 역시 지겹게 반복해서 쓰지 않고도 단어를 익히는 데 매우 효과적이었다.

단어를 익히기 위해 TV 예능프로그램에 나오는 각종 놀이나 게임을 다양하게 응용하는 것도 좋다. 스피드 퀴즈나 말하지 않고 동작만으로 표현해서 알아맞히기 등은 아이들이 정말 좋아한다. 그밖에도 고전적인 끝말잇기, 'ㄱ'으로 시작하는 단어 찾기 등, 놀이를 통한 학습을 아이들이 지겨워한 적은 단 한 번도 없었다.

나는 동화책도 그냥 읽는 데서 끝내지 않았다. 아이들과 나란히 누워 이야기 잇기를 하곤 했다. 동화책의 서두를 제시한 다음 아이들이 순서대로 이야기를 만들어 가는 것이다. 아이들은 상상력을 발휘해 책의 내용과는 또 다르게 이야기를 잇는다. 그리고 또 다른 아이가 바통을 이어 받으면 이야기는 산으로 갔다 바다로 갔다 아주 난리가 나지만, 그래도 다들 꺄르르 즐거워하고 행복해했다. 이렇게 아이의 상상력과 창의력을 길러 주는 것도 좋은 놀이이자 교육이다.

우리 아이들은 기계적인 주입식 교육을 너무나도 싫어한다. 특히 단순 반복을 질색하는 경건이나 승리는 그런 교육을 정말이지 힘들어했다.

미국 최고의 로스쿨에 들어간 경건이는 대학 입시를 앞두고 여러 과목의 AP 테스트(Advanced Placement Test: 미국 고교에서 대학 과정을 이수하고 그 결과를 측정하는 테스트)에서 만점에 가까운 높은 점수를 받았다. 그러나 역사 과목의 점수는 전체 평균 수준에 불과했다. 하지만 경건이의 역사 선생님은 경건이가 놀라운 역사관과 세계관을 가지고 있다며 감탄했다. 왜 이런 상반된 평가가 나오는 걸까?

경건이가 다녔던 일리노이 수학과학고등학교는 영재 학교로 미니 칼리지(Mini College)라 일컬어진다. 고등학교지만 수업 방식이 대학과 같은 형식이기 때문이다. 교사들도 절반가량이 박사 학위자들이고, 실제로 대학 강단에 섰던 분들도 있었다. 경건이의 역사 선생님도 그런 분 중의 하나였다. 역사 과목 평가는 대학에서와 같이 리포트를 쓰는 것이었

다. 어떤 역사적 사건이나 현상에 대해 주관적인 평가를 해 보라는 것이
다. 경건이의 역사 분석은 예리했고, 당장이라도 대학 수업을 듣는 데에
부족함이 없다는 평가를 받았다. 그러나 AP 테스트는 달랐다. '몇 년도에
무슨 사건이 일어났는가?' 하는 식의 암기 위주의 평가인 것이다. 그러니
이런 상반된 평가는 당연한 일이었다.

이런 경건이에게 내가 어릴 때부터 주입식, 암기식 교육을 강요했더라
면 아이는 어떻게 되었을까? 힘들게 암기를 하느라 스스로 생각하는 능
력을 키우지도 못하고, 결국 공부를 지긋지긋해 하는 문제아가 되지는
않았을까? 솔직히 그랬을 가능성이 높다고 본인 스스로도 인정한다.

그러니 어려서부터 정답을 맞추는 공부가 아닌 스스로 사고할 수 있는
공부를 시키자. 중·고등학생이 되면 어쩔 수 없는 입시 위주의 공부를 해
야 하니 아직 여유가 있는 어린 시절에 그런 능력을 충분히 길러 주자. 이
러한 능력은 대학 진학 후에 빛을 발하게 될 것이다. 결국 사회는 암기력
이 아닌 사고력이 뛰어난 사람을 필요로 한다. 그리고 그런 사람들만이
끝까지 살아남을 수 있다.

엄마 한 사람이 세상을 바꿀 수는 없다. 하지만 아직 내 품에 있는 내 아
이는 바꿀 수가 있다. 또 누가 알겠는가? 그런 엄마들이 점점 늘어나 진짜
우리나라 교육이 변하게 될지도!

너무 많은 것을 가르쳐서
데려오지 마세요

득보다 실이 많은 선행 학습

영어가 뭔지도 모르는 경건이가 미국에 도착한 것은 만 다섯 살 때였다. 미국은 유치원도 공립 교육에 포함되는데, 새 학기가 시작되는 8월 말까지는 몇 달이 남아 있었다. 아이가 영어를 얼마나 알고 있어야 수업을 따라갈 수 있을지 걱정이 되어 우리는 학교에 찾아가서 직접 물어보았다. 그런데 의외의 대답이 돌아왔다. "제발 너무 많은 것을 가르쳐서 데려오지 마세요. 우리는 알파벳부터 가르치는데, 한국 부모들은 아이에게 너무 많은 것을 가르쳐서 데려와요. 그런 아이들이 수업 시간에 집중하지 못하고 분위기를 엉망으로 만들어서 너무 힘들어요." 선생님의 말인 즉슨, 영어를 전혀 못하는 것보다 너무 많이 알고 오는 게 더 큰 문제라는 것이다.

불행하게도 이 말이 전적으로 옳다는 것은 승리를 통해 증명되었다. 승리는 꽤 똑똑한 아이라 공립 유치원에 들어갈 무렵부터 글을 읽기 시작했다. 승리의 담임교사는 내게 "나는 당신 아들처럼 너무 많이 알고 있는 똑똑한 애들을 보면 어떻게 가르쳐야 할지 무서워져요."라고 말했다. 유치원 과정이 끝날 무렵에도 승리네 반에서 글을 읽을 수 있는 아이는 단 두 명뿐이었다.

그런데 승리가 1학년이 되었을 때, 믿기 어려운 일이 일어났다. '읽기' 과목에서 B를 받아온 것이다. 책을 가장 잘 읽는 아이가 B라니, 이게 도대체 무슨 일일까?

미국은 중간 성적표가 나오면 교사와 학부모가 개별 면담을 하게 된다. 아이의 성적이나 학교 생활에 대해 평가를 듣고 상담을 할 수 있는 자리다. 승리의 선생님을 만나 물었다. "빅터는 글을 잘 읽는 아이인데 읽기에서 B를 받아왔더라고요? 읽기의 채점 기준이 뭔가요?" 교사는 마치 그 질문이 나올 것을 알고 있었다는 듯 곧장 승리의 시험지를 꺼냈다. 빨간 줄이 죽죽 그어져 있는 단어들은 모두 승리가 읽을 수 있는 것들이었다. 도무지 이해할 수가 없었지만 그 자리에서 더 이상 물어볼 수도 없었다.

집에 돌아와 책을 펴놓고 승리에게 그 단어들을 읽어 보라고 했다. 승리는 척척 읽어 냈다. 이건 또 뭐지? 몇 번을 시켜 봐도 아이는 그 단어들을 확실하게 읽을 수 있었다. 결국 아이에게 단도직입적으로 물었다. "너 학교에서는 이 단어를 못 읽었다던데? 왜 읽기 테스트에서는 못 읽었던 거야?" 아이는 별일 아니라는 듯 시큰둥하게 대답했다. "선생님이 맨날 아는 단어들을 읽어 보라고 해요. 나는 다 아는데 자꾸 읽으라고 하니까

지겨워서 빨리 읽어 버렸어요." 그제야 모든 일이 꿰뚫어졌다. 아이는 전형적인 선행 학습의 폐단을 밟고 있었다. 자기가 이미 알고 있는 것을 또 배우는 게 지루하고 재미가 없었던 아이는 수업에 집중하기가 힘들었던 것이다. 더 나아가 그런 불성실한 태도가 몸에 배어 시험을 보면서도 건성으로 읽어 버렸던 것이다. 승리는 똑똑하지만 공부를 하는 데 있어 성실함과 진중함이 떨어진다. 이것이 바로 승리가 거북이 화평이에게 밀리게 된 이유다.

아이의 선택에 맡기는 학원 교육

얼마 전 '선행 학습 금지법'이 국회를 통과했다. 그간 선행 학습의 폐해가 얼마나 심각한 사회적 문제였는지에 대한 결과다. 선행 학습을 법적으로 금지하는 것과 상관없이 우리가 이미 문제로 인식했다면 아이들을 학원에 안 보내면 될 일이다. 하지만 엄마들은 여전히 선행 학습을 하고 있는 다른 아이들을 의식하지 않을 수가 없다. 방과 후 늦은 시간까지 수많은 학원을 거쳐 축 처진 어깨로 돌아오는 아이를 보면 마음이 짠하다. 그래도 할 수 없는 노릇이다. 남들도 다 그렇게 하고, 또 세상이 그러하니까 말이다.

나 또한 단순히 학원에 보내지 말라는 것이 아니다. 학원이 무조건 나쁘다고도 생각하지 않는다. 학원도 수준과 적성에 따라 잘만 이용하면 유익한 교육 기관임에 틀림이 없다. 특히나 아이가 수업 시간에 이해하지 못한 부분을 다시 배우는 거라면 전혀 나쁠 것이 없다.

승리가 고3일 때, 학교에서 대학 과정의 과목을 너무 많이 배우고 있었다. 미국은 아이들 능력에 따라 차등 교육을 시행하는데, 같은 과목이라도 우열반이 존재하고 또 더 할 수 있는 아이들은 대학 과정을 미리 공부하기도 한다. 그게 바로 AP 클래스다.

AP 클래스를 잘 마치면 대학에 진학할 때 자신의 능력을 알릴 수 있어 유리하다. 대학에서 그 학점들을 인정해 주는 경우에는 조기 졸업도 가능하다. 대학 학비가 천문학적으로 비싼 미국에서는 이래저래 이득이 많은 제도다. 그러나 과목 자체가 어렵기 때문에 일단 배우는 것만으로도 스트레스가 엄청나고, 단순히 AP 클래스를 공부하는 것만으로 끝이 아니라 별도로 시행하는 AP 테스트에서 일정 학점 이상을 받아야만 과정을 인정받을 수 있다. 하지만 수업을 제대로 따라가지 못하는 경우라면 큰 낭패를 보게 된다. AP 클래스로 얻을 수 있는 이점은 고사하고, 당장 고교 내신에까지 악영향을 미칠 수도 있기 때문이다. 그러니 잘못 선택했다가는 손해만 볼 수 있는 것이다.

승리는 AP 클래스를 여러 과목 수강했고, 다행이 좋은 성적으로 통과했다. 그러나 AP 화학 과목은 수업을 들어도 잘 이해가 안 되는 부분이 있다고 했다. 누구나 다 듣는 과목이 아니기 때문에 특별히 도움받을 만한 곳도 없어서 아이는 시험을 앞두고 꽤나 스트레스를 받고 있었다. 이때에 승리가 10시간 정도 개별 지도를 하는 학원을 다녔는데, 이것이 우리 집에서 학원을 보낸 유일한 사례다.

학교 수업이 어려워 보강 수업을 필요로 하는 경우라면 학원이 도움이 될 수 있다. 특히 아이 자신이 원하는 경우라면 문제가 될 것도 없다. 그러나 부모의 조바심으로 인해 선행 학습을 시키려는 것이라면 절대적으로 말리고 싶다. 이것은 분명히 득보다 실이 많은 일이 될 테니까 말이다.

두려움을 이기는 비결

사람들은 계모 소리를 들어가면서도 조기교육이나 선행 학습을 시키지 않은 나를 용감하고 강한 사람이라고 생각한다. 그러나 나는 사실 겁도 많고 자존감도 낮아 남의 판단을 무척 두려워하는 사람이었다. 그런 내가 세상의 흐름을 거스르고 사람들의 비난을 견뎌가며 소신을 지킬 수 있었던 데는 이유가 있다.

첫 아이 경건이는 의사가 낙태를 권하던 아이였다. 당시 내가 약물 치료를 받느라 독한 항생제를 복용하고 있었는데, 기형아의 위험이 너무 높다는 것이었다. 어떡하면 좋으냐고 눈물을 흘리는 내게 남편은 말했다. "우리한테는 이 아이를 낳을 것인가 말 것인가를 결정할 권리가 없어. 이 아이가 기형아라 하더라도 하나님이 주신 생명이니 잘 키우고 돌봐야 할 의무가 있을 뿐이지."

그때 내 나이는 겨우 만 스물둘. 엄마가 된다는 사실만으로도 두려운 나이였다. 그런데 하물며 기형아라니, 기가 막혔다. 이 아이가 태어나면 내 인생은 끝나겠다 싶었다. 나도 내 인생에서 하고 싶은 게 많은데, 멀쩡한 아이여도 힘들 판에 내가 왜 기형아일지도 모를 이 아이를 낳아야 하는가? 아직 나 혼자만의 인생을 살아가기도 버거운데, 왜 내가 이 아이를 책임지고 길러야 하는가? 내가 왜 그 무겁고 고통스러운 짐을 져야만 하는가? 억울한 생각까지 들었다.

임신 5개월이 될 때까지 날마다 울며 고민했다. 엄마라는 게 뭔가? 이 아이는 도대체 내게 어떤 존재인가? 그렇게 몸부림치며 자녀의 의미, 엄마의 역할에 대해 생각했다. 그리고 마침내 받아들였다. 이 아이는 내 자녀이기 전에 하나님의 자녀다. 나는 하나님의 자녀를 맡아 기르는 청지기, 유모다. 그러니 나 혼자 키우는 게 아니라 하나님이 함께 키워 주실 것이다. 그렇게 생각하니 마음이 평안해졌다. "하나님이 주신 이 아이를 열심히 키우겠습니다. 하나님, 이 아이가 어떤 아이든지, 어떤 일이 있든지, 제가 절망하지 않고 무너지지 않도록 도와주세요. 이 아이를 키우면서 시험에 들지 않게 도와주세요."

내 아이는 하나님의 자녀다! 나는 청지기 엄마다! 이 생각은 나의 양육 방식을 결정지었다. 나는 아이들을 내 생각, 내 계획대로 키우기보다는 하나님의 생각과 계획대로 키워야 한다고 믿었다. 그러니 세상 사람들이 뭐라 하든, 세상적인 방법으로 키울 수가 없었던 것이다.

아이를 키우면서 나 역시 시시때때로 불안하고 두려웠다. 그러나 나 혼자 키우는 게 아니라는 믿음이 나를 지탱해 주었다. "여호와를 경외하는 자에게는 견고한 의뢰가 있나니 그 자녀들에게 피난처가 있으리라"(잠언 14:26). 우리가 하나님을 신뢰하지 못하고 세상이 하는 방식이나 남들이 하는 것에 촉각을 곤두세우고 산다면, 나도 피곤하고 아이도 힘들 것이다. 믿음의 반대말은 불신이 아니라 두려움이라고 했다. 우리에게 온전한 믿음이 있다면 두려움도 이겨 낼 수 있을 것이다.

너는 특별하단다

낮은 자존감은 암세포와 같다

나는 밥 굶지 않는 것을 다행으로 여기는 가난한 집에서 일곱 자매 중 다섯째로 태어났다. 내 어머니는 딸을 낳고 염치가 없어 미역국도 먹지 못했노라고 했다. 그렇게 아들을 고대하는 집에서 또다시 딸로 태어난 나는 그 순간부터 잉여 인간에 불과했다. 게다가 여자아이 주제에 논리적이고 합리적인 성격을 지녀 엄마의 마음을 상하게 할 때가 많았다. 다른 자매들은 엄마의 말에 고분고분 순종했지만 나는 번번이 "왜요?"라고 묻곤 했다. 이 질문은 엄마를 불편하게 했다. "가시내가 말끝마다 토를 다네, 시키면 시키는 대로 할 일이지."

나는 무조건 순종하는 것이 불편했다. 엄마 말을 듣기 싫어서가 아니다. "비가 와서 잡초가 많이 자랐네. 땅이 마르면 풀 뽑기가 힘드니까 마르기 전에 얼른 뽑아야겠다." 이렇게만 설명해 주면 어린 나이에도 불구하고 땡볕에 나가 풀을 뽑는 일에도 아무 불만이 없었다. 집에 돈이 없어서라고 말만 해 주면 창피함을 무릅쓰고 시장에 나가 호박이나 열무를 팔기도 했다.

모든 일에 단지 이유를 알기 원했을 뿐이지만 어른들의 눈에는 그저 말대답을 잘하고 버릇없는 아이로 비춰졌다. 그래서 엄마는 수시로 나를 혼내며 버릇을 고치려고 애를 쓰셨다. 때로는 너무 억울해서 설명을 좀 할라치면 어김없이 불호령부터 떨어졌다. "넌 말이 왜 그렇게 많아? 하지 말라면 하지 말 것이지!"

그뿐만이 아니었다. 나는 다른 자매들과는 성향이 많이 달랐다. 언니들과 동생들은 천생 여자였지만 나는 단순한 놀이를 해도 남자아이들의 놀이에 관심이 더 많았다. 동네 남자아이들과 주로 구슬치기, 딱지치기, 자치기, 비석치기 등을 하며 놀았고, 그러다 엄마에게 들키는 날에는 당연히 날벼락을 맞았다. "가시내면 가시내답게 놀아야지, 뭐가 되려고 허구헌날 사내 녀석들과 어울려!" 엄마는 늘 나를 보면 혀를 끌끌 차며 말씀하셨다. "저것은 가시내도 아니고 머스마도 아니고, 아무짝에도 쓸모가 없어. 저것을 도대체 어디다 써먹으려나."

나는 사실 이토록 부모님의 근심거리가 될 만한 문제아가 아니었다. 단지 의견이 뚜렷하고 똑 부러진 성격일 뿐이다. 나는 공부도 잘했고 학교에서도 늘 칭찬받는 모범생이었지만, 엄마에게 그런 것은 그다지 중요하지 않았던 모양이다. 엄마는 그저 나를 여자아이라는 틀에 가두고 또 당신이 살아온 시대의 여성상을 기준으로 나를 평가했다.

엄마에게 사랑받고 싶었지만 늘 혼나는 나를 나 역시 이상한 아이라고 생각하며 자랐다. 나는 잘하고 싶은데 왜 맨날 엄마에게 혼이 나는 걸까? 엄마한테 칭찬받고 싶어 얌전한 여자아이가 되려고 노력도 많이 했다. 소꿉장난도 하고 인형놀이도 하면서 말이다. 나는 그림에 소질이 있는 편이라 종이인형을 그리면 친구들이 모두 부러워했다. 하지만 나는 연 날리며 노는 사내아이들이 더 부러웠고 종이인형보다는 연을 만들고 싶었다.

엄마의 무수한 노력의 결과로 나는 요리, 재봉, 뜨개질, 수예 등 여성스러운 일도 곧잘 했다. 하지만 내 꿈은 여군이 되는 것이었다. 여자가 군인이라니! 시집 잘 가서 아들딸 잘 낳으면 여자 인생으로는 최고라고 믿는 우리 엄마가 알면 기절할 일이다. 그래서 말 한 마디 못 내본 채 여군의 꿈은 접어야 했다.

나는 내가 뭘 잘못했는지 이해하지 못한 채 늘 야단맞으며 커서 남들의 판단을 두려워하는 아이로 자라났다. 사람들의 이목이 항상 신경 쓰였고, 내가 하는 일에 자신감과 용기를 갖지 못했다. 그래서 자주 의기소침했고 늘 피곤했다.

나는 맡은 일을 철두철미하게 계획하고 진행해서 완벽주의자라는 오해를 받곤 한다. 하지만 나는 완벽주의자가 아니다. 단지 실수나 실패가 너무나 두려운 것이다. 나는 작은 실수에도 오랫동안 괴로워하며 스스로를 괴롭혔다. '나는 왜 이 모양일까?', '그러면 그렇지. 내가 별 수 있겠어?', '이런 실수를 하다니, 사람들이 어떻게 생각할까?', '나 같은 게 과연 잘할 수 있을까?'

사람들은 대수롭지 않은 실수에 대해 심각하게 고민하는 나를 이해하지 못했다. 나도 어린 시절의 내 모습을 들여다보기 전까지는 그 이유를 몰랐다. 내 고통의 근원은 어린 시절에 있었다. "저것은 아무짝에도 쓸모가 없어." 귀에 못이 박히도록 들은 그 말이 내 자존감을 옥죄었고 나 역시 스스로를 쓸모없는 인간으로 여기고 있었던 것이다.

물론 지금은 엄마를 이해한다. 엄마는 당신과 다른 딸을 이해하지 못했고, 당신 스스로도 여인으로서의 틀에 갇혀 살았을 뿐이다. 그것이 엄마가 아는 세상의 전부였기 때문이다. 나는 엄마에게 존중받지 못하고 자란 아픔이 너무 커서 내 아이들의 생각에 귀기울이고 아이들의 의견을 존중하고자 노력했다. 그러나 니 역시 나와 싱향이 나른 아이들을 이해하지 못하고 때로 상처를 줬다. 자기만의 잣대를 주장하면 이런 실수는 필연적이다. 그래서 아이들을 있는 그대로, 본래 가진 성향 그대로 존중해 주어야 하는 것이다.

낮은 자존감은 암세포와 같다. 암세포가 인간의 육신을 갉아먹는다면, 낮은 자존감은 인간의 영혼을 갉아먹는다. 자존감이 높은 사람은 어떤 일을 하더라도 당당하고 행복한 반면, 자존감이 낮은 사람은 사람들의 부러움을 받는 위치에 있어도 공허하고 불안할 뿐이다.

아이는 있는 그대로 존중받아야 한다

자존감 높은 아이는 성공할 확률도 높다. 자존감은 건강한 자긍심과도 직결되기 때문이다. 오늘날 유태인들은 정치, 경제, 사회, 문화 등 각 분야에서 세계적으로 두각을 나타내고 있다. 결과만 놓고 보자면 유태인들이 가장 우수한 두뇌를 가진 민족이 아닌가 싶을 정도다. 그런데 인종간의 지능 연구로 수많은 논쟁을 불러일으켰던 스탠퍼드 대학의 교육 심리학자 아더 젠센(Arther Jensen)의 연구에 따르면, 유대인의 지능은 평범한 수준이라고 한다. 의외의 결과였다. 젠센 박사가 유대인의 성공 비결로 든 것은 '자긍심'이다. 하나님으로부터 선택받은 민족이라는 엄청난 자긍심. 이것이 오늘날 전 세계에 영향력을 미치는 유태인을 만들었다는 것이다.

내가 미국 교육에서 가장 감동했던 것은 지식 교육에 앞서 아이들의 자존감을 심어 주고 높여 준다는 점이다. 그들이 공교육을 시작한 아이들에게 끊임없이 주입하는 내용은 이것이다. "이 세상에는 수천, 수억의 사람이 있어요. 그러나 나는 하나뿐이에요. 나는 특별해요. 나는 나니까!" 그리고 한동안 자신이 잘할 수 있는 것을 생각하게 하고, 그것을 그림으로 그리게 했다. 이런 교육 방식은 정말 본받을 만하다. 사실 지식 교육이 시작되면 공부를 잘하는 아이도 있고, 뒤처지는 아이도 있게 마련이다. 그럴 때 동급생 사이에는 교만한 아이도 생기고 주눅 드는 아이도 생겨난다. 그러나 지식이라는 한 가지 기준이 아니라 '공부가 아니더라도 내가 잘할 수 있는 것이 있다.'는 아이들의 자존감이 제대로 서 있다면 친구들 사이에서 상처를 주는 일도 상처를 받는 일도 현저히 줄어들게 될 것이다. 더 나아가 한 사람, 한 사람이 모두 특별한 존재라는 인식을 갖게 된다면 서로를 존중하고 함께 자라가는 유익도 누릴 수 있다.

유년기부터 미국 교육을 받았던 승리는 자존감이 남달랐다. 아이는 실수를 해도 주눅 들지 않고 늘 당당하게 말했다. "미안해요. 하지만 일부러 그런 것은 아니에요." 또한 잘못을 인정하고 사과하는 일에도 어려움을 느끼지 않았다. 어린 시절의 나처럼 두고두고 자책하고 괴로워하거나 두려워하는 일은 없었다.

나는 승리가 어렸을 때 "넌 정말 완벽한 아이야."라는 말을 자주 해 주었다. 그러나 지나친 칭찬이었을까? 한번은 교회에서 형과 누나들이 모여 이야기를 하던 중에, "이 세상에 완벽한 사람은 없어."라는 말이 나왔던 모양이다. 만 네 살이던 승리가 그 말을 듣고 끼어들었다. "아니야. 난 완벽해!" 아이들은 맹랑한 꼬마를 보고 웃으며 말했다. "꼬마야, 세상에 완벽한 사람은 없는 거야." 그러자 승리는 당당하게 대꾸를 했다. "아니야. 난 완벽하다니까! 우리 엄마가 그랬어. 난 완벽하다고!"

승리는 결국 나를 찾아와 울음을 터트리며 말했다. "엄마, 형들이 나더러 완벽하지 않대요. 난 완벽한데. 그쵸?" 아이의 천진한 믿음에 웃음이 나면서도 난감했다. 내가 한 말로 인해 이 난리가 난 것이다. 하지만 또 말을 번복하자니 아이가 상처받을 것이 걱정되었다. 나는 잠시 궁리하다 아이를 끌어안고 눈을 똑바로 마주하며 말했다. "승리야, 형들 말이 맞아. 세상에 완벽한 사람은 없어. 사람은 누구나 다 실수를 하잖아? 하지만, 너는 완벽해. 엄마한테!" 나는 아이에게 노래를 불러 주었다. '당신은 내게 너무 아름다워'(You are so beautiful to me!)라는 노래였다.

그 후로 아이는 그 노래를 흥얼거리곤 했다. 그러나 가사는 약간 달랐다. "나는 엄마한테 너무 아름다워. 나는 나한테 너무 아름다워"(I am so beautiful to you, I am so beautiful to me).

아이의 자존감을 높이는 데 결정적인 역할을 하는 이는 부모다. 특히 아이와 더 많은 시간을 보내는 엄마는 아이에게 세상을 가늠하는 기준이된다. 엄마는 아이에게 있어 너무나 중요한 역할을 담당하기 때문에 자신만의 잣대로 아이를 함부로 판단해서는 안 된다. 아이는 엄마와 정반대의 성향을 가졌을 수도 있다. 내 나이 마흔 후반에 처음으로 했던 적성검사에 따르면, 나는 논리적인 지도자형이다. 일반적인 다른 여성들처럼감성 부분을 맡는 우뇌가 발달하기보다 남성들의 특징인 이성을 전담하는 좌뇌가 발달된 경우다. 그런 나를 엄마는 덮어놓고 순종적인 여인으로 만들려고 하셨으니, 결과적으로 안 될 일에 애만 쓰시고 내겐 평생 남을 상처를 안겨 주셨다.

믿어 주지 않으면 자존감을 지킬 수 없다

어린 시절에 형성된 자존감은 인생에 큰 영향을 미치지만, 그 자존감이평생토록 저절로 유지되는 것은 아니다. 높은 자존감을 가졌던 아이들도복잡한 세상에서 많은 사람과 부딪히다 보면, 때로 그 자존감을 잃어버릴 수도 있다. 그럴 때 부모가 자녀를 확고히 믿어 준다면 아이는 자존감을 쉬 잃어버리지 않고, 또 어려움을 딛고 일어서 한층 더 성숙한 자존감을 갖게 될 것이다.

경건이가 4학년 때, 담임 선생님에게 문제아로 낙인찍힌 적이 있다. 경건이가 친구들을 무시하고 사회성이 형편없어서 상담을 받아야 한다는것이다. 매주 한 번씩 수업 시간에 혼자 불려가서 상담을 받아야 하는 아이는 하루가 다르게 변해 갔다. 학교에 갈 때쯤엔 낯빛이 어두워지고 웃음이 사라졌다.

선생님이 왜 경건이를 문제아로 생각하게 되었는지 아이에게 물었더니, 아이는 우울하게 대답했다. "엄마, 수업 시간에 선생님이 질문을 하면 어떤 친구들은 너무 엉뚱한 답을 말해요. 근데 난 그게 너무 웃겨서 크게 웃었어요. 난 그 애가 일부러 장난치는 줄 알았는데……." 아이는 말을 맺지 못하고 고개를 떨구었다.

난감했다. 친구를 무시해서 웃은 게 아니고 일부러 웃기려는 줄 알고 웃었다는데……. 경건이는 제법 유머감각이 있는 아이다. 우리 집 분위기도 유머나 농담이 자유롭다 보니 경건이는 친구의 엉뚱한 답변을 우스개로 받아들였던 모양이다. 그런데 그 때문에 문제아로 찍히다니, 정말 난감하기 짝이 없었다. 물론 선생님은 아이의 말을 믿어 주지 않았다.

고민 끝에 아이의 장래를 위해 학교를 옮기기로 결정했다. 그러자면 이사부터 해야 했다. 나는 이사와 함께 풀타임으로 일하던 직장도 그만뒀다. 사실 그동안 먹고 사는 일에 바빠 아이들 학교에 자원봉사 한 번 나가 보지 못했다. 부모와 함께 가는 소풍은 말할 것도 없다. "엄마는 우리보다 일하는 걸 더 좋아해." 사랑이와 승리가 내게 이런 말을 했을 때, 나는 사태의 심각성을 깨달았다. 어린 시절에 느끼는 그런 마음은 아이들을 평생 괴롭히는 상처로 남을 것이다. 아이들은 먹고 살아야 하는 절실한 삶의 문제를 이해하지 못한다. 현금인출기에서 번호만 누르면 돈이 나오는 줄 알고 환호성을 지르는 아이들이었다. 그런 아이들을 어찌 탓할 수 있을까.

그런 상황에 경건이마저 문제아로 찍혀 고통받게 되자, 나는 아이들이 안정을 찾을 때까지 아이들에게만 전념하기로 결정했다. 당장 발등에 떨어질 경제적 문제는 하나님에게 맡기기로 했다. "하나님, 제가 놀자고 일을 안 하겠다는 게 아니에요. 아시죠? 하나님이 제게 맡겨 주신 이 아이들이 너무 힘들어해요. 아이들을 이대로 두는 것이 너무 두렵습니다. 제가 아이들의 상처를 매만질 수 있도록 우리 가족의 삶을 책임져 주세요!" 대책 없는 삶이 두려운 만큼 나는 절실하게 하나님에게 매달렸다.

벌이가 없게 되었으니 우리는 일단 보증금을 빼서 생활하기로 하고 허름한 월세 집으로 이사했다. 직장도 파트타임으로 옮겼다. 그리고 일주일에 나흘씩 학교에 자원봉사를 다녔다. 네 아이의 선생님들이 시키는 대로 교육 자료 준비, 정리, 복사, 교실 장식 등을 비롯해, 학교 도서관에서 대출 업무를 돕기도 했다. 엄마가 자신들에게 무관심하다고 생각했던 사랑이는 학교에서 나를 만나면 벙글벙글 입을 다물지 못하고 친구들을 쿡쿡 찌르며 말했다. "저기, 저기 봐. 우리 엄마야, 우리 엄마!" 나를 보고 좋아서 웃는 아이들의 모습은, 하루하루 허리띠를 졸라매고 동전 하나까지 아껴야 하는 고단한 날들의 시름을 잊게 했다.

얼마 후, 경건이의 새로운 담임 선생님과 이야기를 나눌 기회가 생겼다. 나는 조심스럽게 우리 아이가 어떠냐고, 문제가 있지는 않느냐고 물었다. 선생님은 주저 없이 대답했다. "당신 아들은 너무 똑똑하고 훌륭해요." 앞서 선생님과는 너무 다른 말이다 보니, 이 선생님이 혹시 예의상 하는 얘기인가 하고 의심이 들었다. 그래서 솔직하게 지난번 학교에서 있었던 일을 이야기했다. 그리고 아이의 입장을 조심스럽게 변호하며, 그런 일이 또 있더라도 잘 타일러서 가르쳐 달라고 부탁을 했다.

그러자 선생님은 나를 빤히 쳐다보며 뭔가를 분석하는 듯했다. 나는 문제아로 찍힌 아들을 부탁하는 입장이었다. 자세나 태도가 낮아질 수밖에 없었고, 영어 실력도 부족해서 선생님이 이해하도록 문장을 만들자니 말도 천천히 해야 했다. 그런 내 모습이 아이에 대한 믿음이 부족한 걸로 보였던 걸까? 선생님은 갑자기 내 팔을 꽉 붙잡더니 내 눈을 뚫어질듯이 쳐다보며 단호하게 말했다. "내 말을 믿어요. 당신 아들은 매우 탁월한 아이에요. 알겠어요?" 그 순간, '아, 이 사람이 내 아들을 정말 믿어 주는구나.' 싶어 마음이 탁 놓였다. 정말 감사한 일이었다.

이렇듯 자신을 알아주고 믿어 주는 선생님을 만난 후, 경건이는 예선의 밝은 표정을 되찾게 되었다. 자신감을 회복한 아이는 당당해졌고, 학교에서도 점차 두각을 나타내기 시작했다.

훗날 고등학생이 된 경건이와 문제아로 찍혔던 그때의 이야기를 나눌 기회가 있었다. "엄마, 그때가 내 인생에서 가장 암울했던 시기였어요." 아이는 힘들었던 그때에 자기를 위해 이사도 하고 좋은 직장도 그만두며 고생했던 내게 이렇게 말했다. "엄마가 나 때문에 경제적으로 힘들고 포기했던 것들, 내가 언젠가 다 갚아 줄게요." 경건이는 이미 그 약속을 몇 배로 지켰다. 대학을 졸업해 로스쿨을 마친 지금까지 나는 경건이의 등록금을 내 준 일이 한 번도 없으니 말이다.

그때 내가 아이의 말을 믿어 주지 않고 그대로 방치했다면 경건이의 인생은 어떻게 되었을까? "도대체 학교에서 어떻게 행동을 하고 다니는 거야? 선생님이 괜히 그러시겠어? 네가 잘못을 했겠지!" 하며 다그쳤더라면, 경건이는 과연 어떤 사람이 됐을까?

자녀를 향한 부모의 무한한 믿음은 아이에게 소중한 정신적 자산이 된다. 그 믿음을 확인받지 못하면 자녀의 자존감도 속절없이 무너질 수 있다. 어떤 엄마는 내 얘기를 듣고 이렇게 말했다. "애를 믿을 만해야 믿어 주죠. 도대체 뭘 보고 믿어 주란 말이에요?" 내가 물었다. "아이를 절대 믿어 주면 안 될 확실한 근거가 있나요?" "그건 아니지만, 항상 염려스러우니까 그렇죠." 그렇다면 믿어 주자. 심증이 있어도 물증이 없으면 범죄자도 방면하는 법이다. 냉혹한 세상의 법도 이러한데, 엄마가 세상의 법보다 잔인해서야 되겠는가! 말로만 사랑한다 하지 말고, 그 사랑을 아이가 가슴으로 느끼도록 해 주자. 사랑은 허다한 허물을 덮는 법이다(베드로전서 4:8).

나를 키운 것은
동네의 작은 도서관이었다

책 읽기를 좋아하게 하는 방법

우리 아이들은 책 읽는 것을 즐긴다. 네 아이의 선생님들은 우리 아이들이 책에 코를 파묻고 읽는다고 말했다. 그만큼 책에 푹 빠져 집중한다는 얘기다. 이런 말을 하면 다들 부러워한다. "아, 그래서 공부를 그렇게 잘하는구나. 정말 부럽네요." "우리 애는 자기 아빠 닮아서 책이라면 질색을 한다니까요." 정말 아빠를 닮아서 그런 걸까? 혹시 엄마가 아이에게 책을 싫어하도록 만든 것은 아닐까? 말도 안 되는 소리라고? 어떤 엄마가 그런 미친 짓을 하냐고?

아이가 책을 싫어하도록 만드는 것은 너무도 쉽다. 먼저 필독서, 교양 서적, 위인전, 베스트셀러, 스테디셀러 등 엄마가 보기에 좋은 책들로만 잔뜩 사다 놓으라. 그리고 "이런 책들은 꼭 읽어야 돼."라고 말하며 아이가 읽는지 확인하고 감시하면 된다. 읽기 싫은데 억지로 읽게 해 놓고 독후감까지 쓰라고 하면 효과는 배가 된다. 아이가 책을 읽지 않을 경우, 책을 읽어야 훌륭한 사람이 된다고 잔소리까지 한다면 거의 확실한 효과를 볼 수 있다. 이 말이 마치 장난처럼 들리는가? 불행히도 이런 엄마들은 실제로 존재한다. 아이가 책과 친해지기도 전에 독서 습관을 기르겠다며 무리한 투자를 하는 엄마들은 이렇게 될 가능성이 농후하다.

물론 그렇게 해서 아이가 책을 읽을 수는 있다. 그러나 그걸 보고 '역시 책을 사다 놓길 잘했어.'라고 생각한다면 참으로 곤란하다. 엄마의 잔소리가 싫어 혹은 엄마를 기쁘게 해 주려고 책을 읽을 수는 있다. 그러나 억지로 읽은 책을 온전히 소화할 수 있을까? 아이는 혹시 독서를 체벌로 느끼지는 않을까? 억지로 한 일은 다시는 하고 싶지 않은 불쾌한 기억으로 남을 수밖에 없다.

나 역시 때때로 고전 명작을 읽히고 싶은 충동에 사로잡히곤 했다. 아이들에게 책을 고르라고 하면 화려한 그림만 보고 고르는 경우가 종종 있는데, 그런 경우 내용이 빈약한 일이 다반사다. 그러다 보니 내가 직접 책을 골라 주는 일도 심심찮게 있었다. 하지만 그런 책은 반납일이 다 되도록 손도 안 대는 경우가 많았다. 아쉽고 안타깝고 속이 상했다. 하지만 엄마가 강요하는 순간, 그 책은 재미없는 책으로 전락하고 말 것이다. 음식을 먹이는 것도 마찬가지다. 엄마들은 몸에 좋다는 것 위주로 먹이고 싶어서 이리 구슬리고 저리 구슬리고 또 윽박지르기도 하지만, 아이들은 엄마가 주는 음식보다 햄버거, 피자, 치킨 등 인스턴트와 군것질거리를 더 좋아한다. 청개구리의 후예인가? 그런데 연구 결과에 의하면 아이들은 "이거 몸에 좋은 거야."라는 말을 들으면 실제로 식욕이 감퇴한다고 한다. 그런데도 억지로 먹이려고 하면 식탁은 매번 전쟁터가 되고 만다. 책을 읽히는 것도 이와 같다.

아이가 책 읽기를 좋아하게 만들려면 엄마가 적정선에서 포기할 줄 알아야 한다. "이 책 정말 좋은 책이야. 엄마는 어렸을 때 이 책을 두 번이나 읽었어."라고 이야기해도 읽지 않는다면, 잔소리를 멈추고 아이가 스스로 그 책에 관심을 가질 때까지 기다리는 게 낫다.

나는 샬럿 브론테의 《제인 에어》를 정말 좋아했다. 천덕꾸러기와 같았던 가난한 고아 제인이 꿋꿋하고 당당하게 자신의 인생과 사랑을 찾아가는 것을 보며, 내 인생의 롤모델로 삼을 정도였다. 그러나 내가 아무리 이런 이야기를 해도 아이들은 아무도 《제인 에어》를 읽지 않았다. 훗날 고등학생이 된 승리가 여름방학 동안에 읽을 책을 고르다가 엄마가 좋아하는 《제인 에어》를 골랐다. 그런데 한참 읽다가 아이가 물었다. "엄마, 도대체 이 책은 언제쯤 재미있어지는 거예요?" 웃음이 나왔다. "그래. 그 책은 초반을 넘어가기가 좀 힘들지? 엄마도 앞부분은 별로 재미없었어." "그러니까 언제쯤 재미있어지냐고요." "음, 지금 어디쯤 읽고 있는데?" "기숙사 학교요." "그래. 좀 지루하겠다. 근데 곧 가정교사로 가게 될 거야. 그리고 로체스터 씨가 등장하면 재미있어질 테니 조금만 참고 읽어 봐." 승리가 책을 다 읽고 난 후 나는 물었다. "어때? 다 읽어 보니 재미있지?" "음……, 좋은 책이었어요." 엄마가 좋아하는 책에 대해 최대한으로 예의를 갖춘 대답이었다. 내가 좋아하는 책이라고 해서 아이들도 좋아하는 것은 아니었다. 승리에게 《제인 에어》는 인내심 연마에 좋은 책이었을 뿐이다.

아이들은 각자의 취향이 있다. 책을 고르는 취향도 다양하다. 관심 분야가 다르기 때문이다. 따라서 아이들이 책과 친해지게 하려면 엄마가 책을 고르지 말고 아이가 직접 고르도록 하는 것이 좋다. 아이가 읽고 싶다는 책을 사다 준다면 모를까, 아이의 관심과 무관하게 무턱대고 사다 놓고 읽으라고 하는 것은 곤란하다.

나는 내 마음에 들지 않는 책이라도 아이가 고른 책이라면 간섭하지 않으려고 노력했다. 경건이가 5학년 때 호러물에 빠진 적이 있었다. 한동안 그런 류의 책만 읽는 아이에게 "고전도 좀 읽어야 하지 않겠니?" 하며 참다못해 잔소리를 하기도 했다. 그러나 가급적 빨리 멈췄다. 왜냐하면 아이에게 악영향을 끼치는 책이 아니라면, 책 읽는 즐거움을 빼앗아 책과 멀어지게 하는 것보다는 낫다고 판단했기 때문이다.

물론 그런 판단을 내리기까지는 갈등도 많이 했다. 그러나 독서는 내용도 중요하지만, 독서라는 행위 자체만으로도 유익함이 많다고 생각한다. 아무리 영양가 없는 호러물이라 하더라도, 일단 아이가 책에 몰두하는 일은 집중력 훈련에 유익할 것이다. 또 설령 교훈을 얻을 수 없다 할지라도, 표현력이나 단어 실력 향상에 많은 도움이 될 것이다. 더 나아가 책의 재미를 알게 되면 결과적으로 모든 책에 대한 관심도도 높아질 것이다. 나는 이러한 판단을 후회하지 않는다. 경건이는 훗날 사고력이 풍부하고 작문 실력이나 표현력이 뛰어난 아이가 되었으니 말이다.

책에 빠지면 시간 가는 줄도 모르던 화평이.
아이들이 책과 친해지게 하는 것은 그 어떤 지식 교육보다 더 효과적이고 중요한 일이다.

펜은 칼보다 강하다

책과 친해진 아이들은 책 속에서 답을 찾기 시작했다. 경건이가 4학년이 되었을 때, 한동안 나와 심각하게 갈등하던 때가 있었다. 돈도 들지 않는 아이의 소원인데, 내가 결사적으로 반대했기 때문이다. 서로 자기 뜻을 이루기 위해 우리가 사용한 무기는 바로 책이었다. 책의 전쟁, 스토리는 이렇다.

사건의 발단은 남편이었다. 아이들과 집 근처에 있는 녹지 보존 구역에 놀러간 남편이 뱀을 잡은 것이다. 모험심이 강하고 겁이 없는 남편은 호기심 많은 아이들과 죽이 잘 맞는다. 뱀을 잡은 남편은 안전하게 뱀의 목을 잡고 아이들에게 뱀을 만져 보라고 했다.

문제는 내가 다리 없는 벌레나 짐승을 끔찍이도 싫어한다는 사실이다. 쥐나 바퀴벌레는 참을 수 있었지만 미끈하고 물컹한 애벌레, 구더기, 송충이, 지렁이, 거머리, 뱀 따위의 다리가 없는 것들은 도저히 참을 수 없을 만큼 징그럽고 싫다. 특히 뱀은 생각만 해도 머리가 쭈뼛해지고 몸이 움츠러든다. TV나 책 속에서 보는 뱀조차 차마 쳐다보지 못하고 고개를 돌릴 정도다.

네 명의 남자들이 돌아오기 전, 다섯 살짜리 딸아이는 놀라운 사실을 엄마에게 이야기하고 싶어 날듯이 달려와 재잘재잘 보고를 했다. "너도 만졌니?" "네." "뱀이 징그럽지 않아?" "좀 징그럽기는 하지만 그래도 어떤 느낌인지 궁금했어요." "그럼 혹시……." 아니기를 간절히 바라며 마지막 질문을 던졌다. "승리도 만졌니?" "네." 어린 승리까지 뱀을 만졌다는 말에 나는 온몸이 오그라드는 것 같았다. 날이면 날마다 내 손과 얼굴을 비롯해 온몸을 만지작거리는 고사리 같은 작은 손이 뱀을 만졌다니!

사랑이의 보고가 끝날 무렵, 네 남자가 돌아왔다. 평소 같으면 왁자지껄 신발을 내던지듯 벗고 뛰어 들어오는 아이들이 그날따라 유난히 조용한 모습이었다. 아이들을 앞세우고 들어오던 남편이 현관문을 닫자마자 나는 소리를 질렀다. "뱀을 잡았어요? 그걸 또 애들한테 만지게 했다고요? 큰 애들에게나 하지, 왜 승리까지 만지게 해요! 당장 애들 데리고 가서 깨끗하게 씻겨 와요!" 나는 어린 승리가 치명적인 세균이라도 만지고 온 것처럼 화를 냈다. 그런 나를 보고 남편은 아이들에게 생뚱맞은 소리를 했다. "거봐. 아빠가 안 될 거라고 했지?"

이건 또 무슨 말이지? 그제서야 남편의 시선이 닿아 있는 아이들에게 눈을 돌렸다. 뭔가 불안해 보이는 아이들. 수상하다. 뭐지? 그때, 경건이가 용기를 내어 조심스레 말했다. "저…… 엄마, 뱀 키워도 되요?" 뭐, 뭐야? 화들짝 놀라 아이들과 남편의 손에 뭐가 들려 있는지 확인하고, 현관 입구까지 확인한 후 물었다. "너, 그 뱀을 아직도 갖고 있단 말이야?" "네. 대문 밖에 있어요." "그러니까…… 우리 집…… 대문 밖에…… 뱀이 있단 말이야?" "네, 박스에 넣어 뒀어요." 으악! "당장 갖다 버려!" "엄마…….." "듣기 싫어! 말도 안 되는 소리 하지도 마!" 아주 신경질적인 내 모습에 놀란 경건이는 말없이 밖으로 나갔다. 그리고 다시 돌아와 뱀을 놓아 주었노라고 말했다.

경건이는 그 후로 뱀에 관한 책을 탐닉했다. 책 표지에 있는 수많은 뱀이 집안 여기저기서 혀를 날름거리며 나를 지켜보고 있었다. 그림을 보는 것만으로도 비위가 상하고 불쾌했다. 그러나 뱀에 대해 공부를 하겠다는 것까지 막을 수는 없는 노릇이었다.

그런데 몇 주 후, 밖에서 뛰어 들어온 경건이가 상기된 목소리로 내게 물었다. "엄마, 친구들이랑 뱀을 잡았는데요, 나 그거 키워도 돼요?" 어김없이 목소리가 높아졌다. "뭐? 너희들이 뱀을 잡았다고? 도대체 어쩌자고 함부로 뱀을 잡고 그래? 물리기라도 하면 어떡하려고." 그러나 아이는 엄마의 반응을 이미 예견했다는 듯 여유 있게 말했다. "그동안 뱀에 대해 많이 공부했어요. 어떤 뱀이 위험한지 잘 알고 있다고요. 독이 없는 뱀은 해롭지 않아요. 뱀은 깨끗한 동물이라고요." 경건이는 한참 뱀에 대한 지식을 늘어놓으며 엄마를 설득하려고 했다. 하지만 이건 내가 넘어갈 수 있는 보통 일이 아니었다. 뱀에 관해서는 도저히 양보할 수가 없다. "안 돼!" 아이는 무지 속상한 표정이었지만, 나는 뱀에 대해서는 바늘 끝만한 동정심도 가질 수가 없었다. 도대체 협상이 될 만한 것을 들고 나와야 말이지.

여름방학은 정말 길었다. 아이들은 찬란한 햇살 아래 무르익은 여름을 뛰어다녔다. 8월 말이 되자 경건이와 사랑이는 학교로 돌아갔고, 그해 10월의 끝무렵 어김없이 인디언 서머가 찾아왔다.

그런데…… 이제 다시는 일어나지 않겠지 하고 생각했던 일이 또 다시 벌어지고 말았다.

경건이가 또 친구들과 뱀을 잡은 것이다. 엄마에게 두 번이나 퇴짜를 맞은 경력이 있는 경건이는 이번에는 제법 용의주도하게 일을 꾸몄다. 그리고 어떤 일이 있어도 이번만은 물러나지 않겠다는 각오라도 한 듯 아주 다부지게 말했다. "엄마, 큰 병 속에다 흙을 넣고 나뭇가지랑 뱀을 넣었어요. 그리고 위를 잘 막았으니까 뱀이 빠져나오지 못할 거예요." 예외 없이 나는 대답했다. "안 돼! 뱀은 절대 안 된다고 했잖아!"

하지만 이번에는 경건이도 호락호락하게 물러서지 않았다. "엄마, 집 안에서 뱀을 키우겠다는 게 아니에요. 병을 차고에 넣어 두고 내가 관리할게요." 오호, 제법 깐깐하게 나오시는군. 그렇다고 물러날 내가 아니다. "안 돼, 안 된다고 했지!" "왜 안 된다는 거예요? 엄마 눈에 안 보이는 곳에서 키운다니까요?" "안 돼, 무조건 안 돼!" "왜요?" "뱀은 징그럽잖아. 엄마는 뱀이 우리 집에 있다는 사실만으로도 싫어." "뱀이 왜 징그러워요?" 하아, 미치겠다! 뱀이 왜 징그럽냐고? "징그럽잖아. 생긴 거부터……." "생긴 게 어때서요?"

경건이는 아주 논리적인 아이다. 그날도 건방지게 따지고 반항하는 게 아니었다.

아이는 정말로 뱀이 징그럽다는 것을 이해할 수 없었고, 나에게 뱀이 왜 징그러운지를 설명해 달라고 했다. 하지만 뱀이 징그럽다는 걸 어떻게 설명하고 입증한다는 말인가? 더구나 뱀이 징그럽기는커녕, 색깔이나 무늬도 '쿨'하게 멋지다는 아이에게!

대화가 될 리 없었다. 무조건 안 된다는 말은 이제 아이에게 통하지 않았다. 피곤해졌다. 더 이상 뱀을 키우느니 마느니 하는 소리를 계속하고 싶지도 않았다. 엄마를 이해할 수 없는 아이와 아이의 소원을 들어줄 수 없는 엄마. 나는 결국 무식하게 억지를 부렸다. "엄마는 뱀하고 한 집에서 못 살아. 네가 뱀이랑 살겠다면 엄마가 나갈 거야. 둘 중에 하나를 선택해. 엄마랑 살래, 아니면 뱀이랑 살래?" 대화는 거기서 끝났다.

"엄마, 이 뱀 가져도 되요?"
실물과 똑같은 징그러운 모조 뱀을 목에 칭칭 두르고 천진하게 웃고 있는 화평이와 승리.
아이를 키우는 게 쉬운 일은 아니다, 정말!

며칠 후, 경건이가 학교에서 인체의 해골을 만들었다며 의기양양하게 가지고 왔다. 아이는 자랑스럽게 해골을 보여 줬는데, 내가 봐도 그럴싸했다. 그런데 문제는, 어린아이 크기로 제법 실감나게 아주 잘 만들어진 해골을 늘 그랬듯이 엄마가 자랑스럽게 진열해 줄 거라고 생각했던 모양이다. 하지만 나는 해골이 꺼림칙하고 불편했다.

난 겁이 많은 편이다. 어렸을 때부터 귀신 이야기를 유난히 무서워했고, 해골이나 공동묘지도 공포스러웠다. 5촉짜리 희미한 전구가 달린 재래식 화장실도 밤이 되면 혼자 가지 못했다. 그런 내가 아이를 낳은 후로는 밤에 자주 일어나 아이들이 잘 자고 있는지 살피게 되는데, 그때마다 아이들 방에 걸린 어린애 크기의 전신 해골을 보아야 한다면 정말 상상하고 싶지 않다. 난 항상 아이들의 작품을 진열해 두거나 박스에 고이 보관해 주었지만, 아이가 정성을 얼마나 쏟았든지 간에 해골만큼은 예외였다. 그래서 조심스레 말했다. "경건아, 있잖아. 우리 그건 걸어 두지 말자."

경건이는 자신의 거대한 작품을 자랑스럽게 진열하려던 순간 멈칫했다. 그리고 도저히 이해하지 못하겠다는 표정으로 물었다. "왜요?" "응, 엄마는 해골이 무서워." "해골이 무섭다고요? 해골은 엄마한테도 있는데요?" "그건 그런데…… 그래도 엄마는 해골이 싫어."

그 말에 경건이는 들고 있던 해골을 내려놓았다. 안도의 한숨이 흘러나왔다. 그러나 아이의 행동이 심상치 않았다. 경건이는 공들여 만든 해골을 뜯고 있었다. 그것도 분노에 차서 거칠게 망가뜨리고 있었다. 아이는 눈물까지 흘리며 말했다. "엄마는 내가 좋아하는 건 모두 다 싫어해!" 이건 숫제 내가 의도적으로 자기를 괴롭힌다는 말투였다. 당황스러웠다.

"경건아, 엄마가 일부러 그러는 게 아니라 정말로 해골이 무섭단 말이야."

"해골이 왜 무서워요? 엄마는 내가 뱀을 키우자고 하면 뱀이 징그럽다고 하더니, 이젠 해골이 무섭다고요?"

아! 그제서야 깨달았다. 지난번 뱀 사건이 아직 끝나지 않았다는 것을. 논리적인 아이에게 '무조건 징그럽고 싫다'는 이유로 뱀을 키우지 못하게 한 것은 부모의 일방적인 폭력에 지나지 않았다. 아이는 엄마를 전혀 이해하지 못했다. 그래서 자기가 키우고 싶은 뱀을 갖다 버리라는 것도, 공들여 만든 해골을 걸지 말자는 것도, 모두 자신을 괴롭히고 거부하는 행동으로 보였던 거다. 난감했다. 일방적으로 자녀의 뜻을 꺾어 버리고 상처 주는 엄마는 되기 싫은데 말이다.

아니, 뱀을 싫어하는 게 그렇게 나쁜 일인가? 나도 억울했다. 하지만 경건이가 생전 처음 저렇게까지 분노하고 있는 마당에 그런 걸 따질 수는 없었다. 논리적으로 경건이를 이해시키고 설득할 자료가 필요했다. 하지만 뱀이 징그럽다는 자료, 해골이 무섭다는 자료를 어디서 찾는단 말인가?

궁리 끝에 일단 뱀이 사악한 존재로 등장하는 옛날이야기를 몇 개 해 주었다. "엄마는 어렸을 때 이런 이야기를 들으면 너무 징그럽고 무서웠어. 아마 그래서 뱀을 그렇게 싫어하게 됐나 봐." 아이는 미동조차 하지 않고 표정 없는 얼굴로 대답했다. "엄마, 그건 이야기일 뿐이잖아요. 엄마는 그런 이야기를 믿어요?" 이건 도대체 누가 어른이고 누가 아이인지. 논리적인 아이 키우기가 이렇게 힘들 줄이야! 첫 번째 시도는 완패였다. 아, 도대체 어떻게 해야 아이의 분노를 잠재우고 납득시킬 수 있을까? 해결책을 찾아야 했다. 어디 뱀은 징그러운 동물이라는 것을 입증하는 논문이나 자료 없나? 한참 고민했다. 고민 또 고민이 이어졌다. 그러나 뱀이 징그럽고 무섭다는 건 개인의 취향일 뿐, 객관적인 자료라는 게 있을 리 없다.

고민 끝에 비겁하지만 어쩔 수 없이 어린아이의 무지를 이용하기로 했다. 조심스러운 마음으로 성경책을 꺼내 든 나는 아이에게 〈창세기〉 3장 14절과 15절을 읽어 줬다. "여호와 하나님이 뱀에게 이르시되 네가 이렇게 하였으니 네가 모든 가축과 들의 모든 짐승보다 더욱 저주를 받아 배로 다니고 살아 있는 동안 흙을 먹을지니라. 내가 너로 여자와 원수가 되게 하고 네 후손도 여자의 후손과 원수가 되게 하리니 여자의 후손은 네머리를 상하게 할 것이요 너는 그의 발꿈치를 상하게 할 것이니라." 이 말씀은 인류의 구원과 관계되는 깊은 신학적 의미가 있는 말이다. 게다가 성경을 이렇게 토막토막 난도질해서 의미를 왜곡하면 안 되는 일이다. 하지만 이 같은 상황에서야 어찌하랴!

난 모자지간의 갈등을 해결하겠다는 일념 하나로 글자 그대로 여자와 뱀의 원수 관계를 증명하는 근거 자료라도 되는 듯 말했다. "그래서 여자들은 뱀을 싫어하게 됐나 봐." 경건이는 영어 성경까지 가지고 와서 그 구절을 확인했다. 물론 초등학교 4학년 아이가 신학적 의미까지 알 리는 없었다. 나는 내친 김에 '여자는 더 연약한 그릇'이라는 〈베드로전서〉 3장 7절의 말씀까지 들이댔다. "그리고 하나님이 태초에 여자는 남자와 다르게 지으셨잖아? 이것 봐. 여자는 남자보다 더 연약하다잖아. 그래서 여자가 남자보다 더 겁이 많은 거야. 엄마가 해골을 무서워하는 것도 죽은 사람의 시체라는 생각 때문에 겁이 나는 거고." 경건이는 마침내 고개를 끄덕이며 말했다. "아, 이제 알겠어요. 그러니까 하나님이 여자들이 뱀을 싫어하게 만드신 거네요? 하나님이 원래부터 여자를 그렇게 만들었다는 거죠?"

아들의 분노가 사라졌다. 오, 할렐루야! 내가 성경의 심오한 진리를 그저 문자적으로 들이대며 아들을 현혹시킨 것은 분명 잘못이로되, 말씀으로 인해 모자간의 심각한 갈등이 해소되었으니 이 어찌 기쁘지 아니하리요! 훗날 경건이에게 이 사실을 고백하고 성경의 의미를 제대로 가르쳐 주었을 때, 아이는 유쾌하게 웃었다.

논리적인 아이와 충돌하지 않으려면 억지나 강압보다는 이해시키는 쪽을 선택해야 한다. 그리고 이해를 시키기 위해서는 근거가 있어야 한다. 책은 상대를 제압하는 무기도 될 수 있는 것이다. 펜은 칼보다 강하다!

동네 도서관을 적극 활용하라

책 속에 답이 있다. 그러나 그 답을 찾을 수 있는 모든 책을 가질 수는 없다. 나는 엄마들에게 동네 도서관을 아이들에게 집 다음으로 친숙한 공간으로 만들 것을 추천한다.

내가 네 아이들을 키울 때, 우리 집에는 아이들 책이 거의 없었다. 아이들을 먹이고 입히는 데에도 빠듯했기 때문이다. 자녀를 키우는 데 경제적으로 넉넉한 것은 유리한 점이 많다. 하지만 그렇다고 해서 자녀 교육의 승패가 경제력에 달려 있는 것은 절대 아니다. 아이들에게 책 한 권 사

주기 어려웠지만, 아이들은 남부럽지 않게 많은 책을 읽었다. 동네 도서관이 곧 우리 서재였으니 말이다.

매주 한 번씩, 우리 가족은 동네 도서관으로 나들이를 갔다. 아이들은 각자 자기 이름으로 된 도서 카드를 가지고 있었다. 제각기 나이에 맞는 책들이 진열된 코너에 데려다 주면, 아이들은 자기가 읽고 싶은 책을 직접 골랐다. 도서관에는 아이들의 지능을 계발시키는 교구들도 많이 있었다. 책을 다 빌린 아이들은 이런 교구를 가지고 조용히 놀거나, 또는 자기가 빌린 책을 읽었다. 그동안 엄마 아빠도 각자 필요한 책을 골랐다.

책은 본인이 직접 선택하는 게 원칙이지만, 때로는 우리가 직접 골라 주기도 했다. 아이들이 자라면서 무언가에 흥미를 보일 때가 있다. 예컨대 사내아이가 자동차, 로봇, 공룡 등에 관심을 갖기 시작하면 그에 대한 호기심을 더 키워 주고 충족시켜 줄 만한 관련 서적을 찾아 주는 것이다. 동화책이나 소설류는 아이들이 고르기가 쉽지만, 지식 관련 전문 서적이나 실용 도서는 아이가 처음부터 찾기에는 어려울 수 있기 때문이다. 하지만 그런 경우라도 책을 찾아서 "이거 읽어 봐."라고 지시하지는 않는다. 몇 권의 책을 찾아서 그 가운데 고르도록 하거나, 그런 종류의 책들이 꽂혀 있는 곳에 데려가 아이가 직접 책을 찾도록 도와주었다. 아이들은 부모와 함께 관심 분야의 책을 찾아내는 것을, 마치 보물찾기라도 하는 것처럼 좋아했다.

그렇게 빌려 온 책들은 아이들이 각자 관리하도록 했다. 우리가 자주 찾던 동네 도서관은 제 날짜에 반납하지 못한 경우 그만큼의 연체료를 내야 했고, 책을 잃어버릴 경우에는 책값을 물어줘야 했다. 나는 아이들이 책을 제 날짜에 반납하지 못하면, 그 연체료를 각자의 용돈으로 지불하게 했다. 책임감을 길러 주기 위해서였다.

어릴 때부터 도서관을 이용하는 게 습관이 된 아이들은, 각자의 관심분야에 대해 도서관에서 자료를 빌려 혼자서 공부했다. 스케치 기법에 관한 책을 빌려와 따라 그리던 경건이와 화평이는 선생님에게 미술 레슨을 받고 있느냐는 질문도 받았다. 또 기타를 독학으로 익혀 주일학교 예배시간에 반주자로 봉사하기도 했다. 아이들은 나중에 수능시험 문제집까지도 도서관에서 빌려다 쓰고, 도서관에 없는 책만 사서 공부했다. 우리 아이들은 학원에 다니지 않고 책을 통해 스스로 공부하는 게 습관이 됐다. 그리고 그 습관은 결국 혼자서도 할 수 있다는 자신감으로 연결되었다. 이 모든 것이 동네 도서관을 제대로 활용한 결과다. 빌 게이츠도 말했다. "나를 키운 것은 동네의 작은 도서관이었다." 동네 도서관을 이용해서 얻은 유익은 너무도 많지만, 크게 다섯 가지로 정리하면 다음과 같다.

1. 아이들은 스스로 고른 책을 부모가 무턱대고 사 놓은 책보다 훨씬 더 잘 읽는다.
2. 스스로 책을 빌리고 반납하는 과정을 통해 자율성과 책임감이 생긴다.
3. 온 가족이 함께 도서관에 가는 일은 그 자체가 가족행사가 된다.
4. 공공장소에서의 매너를 익히게 된다.
5. 가장 큰 유익은, 돈이 엄청 굳는다!

2부

너 자신을
이겨라

현대사회는 피할 수 없는 경쟁의 연속이다. 과연 우리 아이들이 이겨야 할 대상은 누구일까?
엄마 친구 아들? 반 친구들? 누군가를 상대로 싸우는 것은 피곤하다. 상대방의 전력을 분석하
고 견제하느라 신경이 곤두서고, 이기지 못했을 때는 패배감과 박탈감에 사로잡힌다. 이 싸움의
승자는 과연 누구일까? 우리 아이들의 적은 외부에 있지 않다. "너의 적은 바로 너 자신이다. 너
자신을 이겨라!" 아이들은 자신의 나태함과 싸우고, 세상의 많은 유혹과 싸운다. 아이들이 넘어
서고 이겨야 하는 것은 지금 현재의 자신의 기록과 점수다. 자신과의 싸움은 평생에 걸친 싸움
이다. 이 싸움에서 이기는 자는 인생의 승자가 될 수 있다.
1등이 아니어도 좋다. 열심히만 하면 된다. 결과도 중요하지만, 그보다 더 중요한 것은
과정을 즐기는 것이다.

지치면 쉬어 가라

힘들고 어려울수록 여행을 떠나라

나는 여행이란 경제적으로 여유 있는 사람들이 누리는 사치라고 생각했다. 그래서 신혼여행도 가지 않았고, 그렇게 돈 한 푼에 벌벌 떨며 몸도 마음도 메말라가고 있었다. 사람들이 그런 내게 쉬어 가라고 여행을 권하면 속으로 생각했다. "저 분들은 여행도 다닐 만큼 넉넉한가 보다. 우리 형편을 모르고들 하는 말씀이지."

그러던 어느 날, 이런 글귀를 보게 되었다. "젊었을 때는 시간도 있고 건강도 있지만, 돈이 없다. 중년에는 건강도 있고 돈도 있지만, 시간이 없다. 노년에는 돈도 있고 시간도 있지만, 건강이 없다."

우리는 젊고 건강했다. 남편이 학생이라 힘들었지만, 학생이기 때문에 방학이면 자유로웠다. 그래, 인생이란 참 공평한 것이구나. 그런데도 어리석게 내게 있는 건강과 시간의 소중함을 모르고, 가지지 못한 것으로 전전긍긍하며 몸부림치고 살았구나! 갑작스러운 깨달음이었다. 소유하지 못한 것들을 움켜쥐기 위해 스트레스 받지 말고, 내게 있는 것들을 누리며 즐기자.

작은 생각의 전환은 내 삶에 변화를 불러왔다. 나 자신과 가족들에게 기름 한 방울 칠 줄도 모르고 나사를 꼭꼭 죄기만 하던 내가 마침내 기름칠도 하고 나사를 풀기 시작했다. 마음의 빗장을 열자 방법도 보였다. 돈이 없어도 시간과 건강만 있으면 갈 수 있는 여행, 무전여행이었다. 우선 알뜰 바자회에서 6인용 중고 텐트를 10불에 구입했다. 그리고 휘발유 값과 하루 캠핑장 비용 12불씩을 준비해 여행을 떠났다. 캠핑장이 없으면 휴게소 구석에 차를 세워 두고 자기도 했다. 우리의 시보레 미니밴을 우리는 '무빙 쉐비 호텔'(Moving Chevy Hotel, 쉐비는 시보레의 애칭)이라고 불렀다.

미국의 거대한 자연경관은 장엄함 그 자체였고, 나는 그 속에서 하나님의 위대하신 손길을 느꼈다. "내 아버지가 바로 세상의 주인이다!" 이러한 확신은 내 안에 있는 두려움을 떨쳐 내게 했다. 그 후, 나는 형편이 어렵고 걱정이 쌓일수록 여행을 떠났다.

한번은 몸과 마음이 너무나 지쳐 떠난 여행길에서 무서운 폭풍우를 만난 적이 있다. 남편과 아이들은 모두 잠들어 있었고, 올빼미 체질인 내가 밤을 새워 목적지로 향하던 길이었다. 번개가 하늘을 쪼개고, 천둥은 세상을 부셔 버릴 듯한 기세로 무섭게 쳤다. 더 이상 운전을 하지 못하고 안전한 곳을 찾아 차를 세웠다. 황량한 벌판이었다. 폭풍은 차를 뒤집어 버릴 기세로 몰아쳤고, 홀로 깨어 있던 나는 두려움에 떨다 지쳐 잠이 들었다.

얼마나 지났을까? 눈을 떴을 때는 이미 폭풍우가 지나간 후였다. 밖으로 나와 주변을 살폈다. 밤새 폭풍을 견뎌 낸 나무는 비에 씻겨 푸르름이 시릴 정도였고, 빗물 맺힌 나뭇잎 사이로 햇살이 찬란하게 비쳐 왔다. 여기저기서 들려오는 맑고 청아한 새소리. 그리고 촉촉하고 부드러운 대지. 온 만물이 하나님의 영광을 드러내고 있었다. 눈물이 맺혔다. '주 하나님 지으신 모든 세계…….' 찬양이 흘러나왔다. 나는 주님의 높고 위대하심을 목도하고 있었다. 내 앞에 놓인 문제도 이 폭풍우처럼 지나가리라. 그리고 하나님의 영광을 보리라!

여행은 지친 몸과 마음, 그리고 영혼까지도 회복시킨다. 한 푼이 아쉬운 때일지라도, 나는 여행에 드는 비용을 정신 건강을 위한 치료비이자, 우리 가족의 미래와 행복을 위한 보험료라고 생각한다.

성경은 말한다. "두 손에 가득하고 수고하며 바람을 잡는 것보다 한 손에만 가득하고 평온함이 더 나으니라"(전도서 4: 6). 새번역 성경의 해석은 보다 명쾌하다. "적게 가지고 편안한 것이, 많이 가지려고 수고하며 바람을 잡는 것보다 낫다." 한 푼이라도 아끼려고 버둥거리던 나는 바람을 잡고 있었다. 두 손에 가득 채우지도 못하면서 말이다. 그러나 한 손에 쥐고 있는 것에 감사하며 내 짐을 하나님에게 맡겼더니 내 마음에도 비로소 평안이 찾아왔다.

추억이 많은 부자는 돈 많은 부자를 부러워하지 않는다

미국 속담에 '함께 즐기는 가족은 흩어지지 않는다'(The family that plays together stays together)라는 말이 있다. 여행은 특별한 경험을 함께 쌓아감으로써 가족 간의 유대와 친밀감, 그리고 결속력을 높여 준다. 이런 추억들은 일생의 자산이 된다. 힘든 무전여행이지만 아이들은 여행을 정말 좋아했다. 힘든 숙식도 잘 적응했고, 캠핑장에서 아빠와 함께 텐트를 치고 걷는 일도 놀이처럼 즐거워했다.

사랑이가 3학년 때, 봄 방학을 앞두고 선생님이 물었다. "이번 방학 때 가족끼리 여행가는 사람!" 사랑이가 손을 들었다. "너희 가족은 어디로 갈 거니?" "스프링필드요!" "거기에 가족이나 친척이 살고 있니?" "아니요." "그럼 호텔이나 모텔에서 머물겠구나?" 아이는 망설임 없이 당당하게 말했다. "아니요. 우린 차에서 잘 거예요!" 갑자기 반 아이들의 시선이 한꺼번에 쏟아졌다. 그 중 한 아이가 말했다. "너네 거지니? 모텔에 갈 돈도 없으면서 무슨 여행을 가?"

식구들이 모두 모인 저녁시간에 사랑이는 물었다. "근데 엄마, 여행 가서 차에서 자는 게 거지 같은 거예요?" 무슨 생뚱맞은 소린가 싶어 물었더니 아이가 자초지종을 설명했다. 그러자 경건이가 답답하다는 듯 말했다. "넌 뭐하러 쓸데없는 말을 하냐? 그런 말을 하면 창피를 당할 거란 생각도 못 해?" 사랑이가 씰쭉이며 대답했다. "난 차에서 자는 게 창피하다는 생각을 안 했으니까 그렇지!" 화평이는 우리가 거지라는 말을 듣는 게 생소했던 모양이다. "아빠, 우리가 가난한 거예요? 난 우리가 그렇게까지 가난하다는 생각은 안 해 봤는데……." 가만히 듣고 있던 승리가 도저히 이해가 안 간다는 표정으로 말했다. "사람들은 참 이상해. 차에서 자는 게 얼마나 재미있는지 모르나 봐."

승리는 한동안 여행을 못 가면 엉뚱한 말을 하곤 했다. "엄마, 오늘 차에서 자도 돼요? 차에서 자는 게 그리워요." 아이에게는 그것마저도 추억이었다. 13년간 수많은 추억의 장소로 우리 가족을 태우고 다녔던 시보레 미니밴. 그 차가 자꾸 고장이 나서 폐차하려고 했을 때, 승리는 그 차를 버리지 말라고 했다. 수리비가 너무 많이 들어 속을 썩이는 상태였지만, 나 역시 우리 가족의 일부가 되어 버린 그 차를 차마 버릴 수가 없었다. 결국 백만 원이 넘는 수리비를 들여 대대적인 수리를 해서 계속 타고 다녔다. 미국을 떠나올 때, 승리는 그 차를 자기 친구네 집에 주자고 했다. 이유는 간단했다. 친구 집에 가서라도 쉐비를 보고 싶어서였다.

시간도 있고 건강도 있을 때 여행을 다닌 것은 정말 탁월한 선택이었다. 고등학생이 된 경건이가 어느 날 말했다. "엄마, 이상한 일이 있어요. 친구들 중에 내가 제일 여행을 많이 다녔더라고요." "그래? 너희 친구들 다 부자라며?" "그러게 말이에요. 다들 상당한 부자인데도 여행갈 기회가 많지 않았대요." 경제적으로 여유 있는 사람들이나 여행을 간다고 생각했던 내가 완전히 틀렸다는 것이 확실히 증명됐다. 친구들 가운데 가장 가난했던 우리 아이들은 추억에서만큼은 누구보다 부자였다.

여행을 효과적인 교육의 기회로 삼아라

여행은 휴식과 충전, 그리고 추억 만들기 외에도 효과적인 교육의 기회가 된다. 자연과 생태계, 사회, 역사, 지리, 예술 등을 직접 보며 공부할 수 있는 좋은 기회가 되는 것이다.

경건이가 다녔던 IMSA는 새로운 교육 방식으로 미국뿐만 아니라 전 세계의 교육학자들로부터 주목을 받고 있는 학교다. IMSA는 교육학자들의 연구 결과를 수업에 적극 반영하여 일방적인 강의를 지양하고 스스로 연구하고 토론하게끔 교육한다. 그 연구 결과에 따르면, 일방적으로 강의를 듣기만 하면 배운 내용을 기억할 수 있는 확률이 10%, 배우는 내용을 적으면서 공부하면 약 20%, 시청각 자료나 견학을 통해 눈으로 직접 보고 들으면 약 40%, 스스로 연구하고 토론하며 익히면 약 80% 정도가 되며, 배운 내용을 자기가 직접 가르치면 98%를 기억할 수 있다고 한다.

이를 바탕으로 생각하자면 여행을 통해 배우는 교육은 기억에 남을 확률이 40%나 된다. 그러나 거기에 만족하지 않고 그 효과를 80%까지 끌어올릴 수도 있다. 아이들에게 각자가 보고 싶은 여행지를 선정하도록 하고 그곳에 어떤 것이 있으며, 어떤 의미가 있는지, 특산물은 무엇이고, 기후는 어떤지 등을 조사해서 발표하도록 하는 것이다.

아이들은 도서관에서 각자 가고 싶은 지역에 관한 자료를 찾아 공부를 한다. 그리고 다른 사람을 설득하기 위해 브리핑을 한다. 아이들의 발표가 모두 끝나면 투표를 해서 가장 많은 표를 받은 곳을 여행지로 정하고, 그 다음에는 아이들이 함께 그 도시에서 방문할 곳을 정해 보도록 한다. 정해진 시간 내에 돌아보자면 포기해야 하는 곳도 생긴다. 그래서 아이

산짐승이 출몰하는 바위투성이 록키산에서.
아이들은 여행을 통해 넓은 세상과 만나고, 생생한 현장 지식을 통해
많은 학습 효과를 얻었다.

알뜰 바자회에서 구입한 중고 텐트는 우리 가족의 별장이었다.
힘든 무전여행이었지만, 우리 아이들에게 가족과 함께 했던 여행은
인생에 다시없을 소중한 추억으로 남아 있다.

들은 때로 설전을 벌이며 여행지를 조율해 나간다.

아이들은 기대 이상으로 사전 준비를 잘해서 우리를 깜짝깜짝 놀래키기도 했다. 옐로스톤이나 록키산 같은 미국의 국립공원은 생태계 보존이 잘 되어 있어 곰이나 쿠거(Cougar, 산에 사는 사자) 같은 맹수를 만날 수도 있다. 우리 가족도 멀리서나마 그런 맹수들을 직접 보았다. 그러다 보니 사람이 많지 않은 곳을 등반하려면 어른인 나도 신경이 곤두설 때가 많다. "이 산에는 쿠거도 나타난다는데……." 초등학교 1학년이던 승리가 걱정스레 말했다. "우리끼리 이렇게 가다가 쿠거를 만나면 어떡하지?" 그런데 평소 겁이 많은 화평이가 의외로 씩씩하게 말했다. "내가 쿠거에 대해 조사했어. 쿠거를 만나면 놀라거나 무서운 표정을 지으면 안 돼. 눈을 똑바로 뜬 채 쿠거를 무섭게 노려보는 게 좋아. 그리고 큰 소리를 지르고 팔을 펴 흔들며 최대한 공격적인 태도로 무섭게 보여야 해. 쿠거는 자기보다 약해 보이는 동물을 공격하거든. 하지만 곰을 만나면 정반대로 행동해야 해. 곰을 만나면 움직이지 않고 가만히 있는 게 좋아. 눈을 마주치거나 노려보면 안 돼. 곰은 자신에게 위협이 될 것 같으면 덤벼드는 습성이 있으니까." 아이들은 그 산에만 있는 특별한 동물이나 식물, 생태계나 자연 현상에 대해 꼼꼼하고 공부하고, 그것들을 찾게 되면 환호성을 질렀다.

한번은 남편이 텐트를 치느라 방향을 잡아야 하는데 구름이 많이 껴서 쉽지가 않았다. "텐트를 동쪽으로 치면 아침에 빛이 쏟아져서 안 좋은데, 어느 쪽이 동쪽인지 구분을 할 수가 없네." 아빠가 중얼거리는 소리를 들은 화평이가 대뜸 말했다. "아빠, 이쪽이 동쪽이에요." "그래? 아빠도 모르는데 화평이가 어떻게 알았지?" "아빠, 이 나무를 보세요. 이쪽에만 이끼가 있잖아요? 이끼가 끼인 쪽이 북쪽이에요. 햇빛을 받지 못하니까요." 보이스카우트 같은 것도 해 본 적이 없지만, 초등학생 아이들이 캠핑을 하는 데 필요한 지식을 우리보다 더 많이 알고 있었다.

유명 관광지나 유적지에 갈 경우, 우리 아이들은 설명서나 안내판을 꼭 읽는다. 그냥 읽는 정도가 아니라 열심히 외운다. 돌아오는 길에 퀴즈 대회가 있기 때문이다. 차로 이동하는 길고 지루한 시간을 이용해 우리는 여행지에서 배운 지식에 관한 퀴즈 대회를 열었다. 그리고 아이들이 정답을 맞추면 점수에 따라 상금이나 사탕, 초콜릿 등의 상품을 주기도 했다.

아이들에게 이 퀴즈 대회는 즐거운 게임이다. 내가 가장 신경 쓸 부분은 아이들의 나이대에 맞는 난이도 조절이다. 어린아이들이 소외되지 않도록, 네 아이가 동시에 손을 들었을 때는 가장 어린아이에게 먼저 기회를 준다. 그래도 역시 어린아이들이 밀린다. 그러면 "이번 문제는 다섯 살 이하만 도전할 수 있는 문제야." 하는 식으로 쉬운 문제를 내서 속상한 사람이 없도록 한다.

세 살짜리 승리와 함께 퀴즈 놀이를 할 때였다. 아무래도 아이가 너무 어리기 때문에 역부족이었다. 승리는 점점 시무룩해졌다. 이미 사탕과 초콜릿, 껌 등을 상품으로 충분하게 받은 아이들은 승리를 신경 쓰기 시작했다. "엄마, 승리는 상품이 너무 적어요. 승리를 위해 더 쉬운 문제를 내 주세요!" "승리야, 이번에 우리 여러 곳을 다녀왔지? 그중에 어디가 제일 좋았어?" 드디어 승리가 맞출 차례가 왔다. 승리는 눈을 반짝이며 큰 소리로 외쳤다. "맥도널드!" 대답과 함께 폭소가 터졌다. 모두가 와자하게 웃는 것을 보자 승리는 다시 대답을 했다. "그럼…… 버거킹?" 평소에 햄버거도 자주 사 주지 못하던 상황이라 아이는 맥도널드와 버거킹이 가장 기억에 남았던 모양이다.

우리 아이들에게 상대를 이기고 누르는 경쟁은 이미 의미가 없다. 누군가 답을 맞추지 못해 속상해하면 아이들은 오히려 힌트를 주려고 서로 경쟁했고, 퀴즈가 시작되기 전에는 경건이나 사랑이가 동생들이 많이 답할 수 있도록 특별 과외(?)를 시키기까지 했다.

여행지에서 우리는 아이들에게 설명서나 안내판을 읽으라고 잔소리할 필요가 없다. 퀴즈를 내기 위해서는 나도 열심히 안내판을 읽어야만 한다. 아이들은 그런 나를 열심히 따라다닌다. 출제 위원인 내가 곁에 있는 아이들에게 문제를 자주 유출하기 때문이다. 문제에 대한 기밀을 유지할 필요는 없다. 왜냐하면 퀴즈의 목적은 많이 맞추도록 하기 위해서가 아니라 자연스레 공부하게끔 하기 위해서이기 때문이다. 물론 유출하지 않는 문제도 많다. 모두 유출해 버리면 안내판을 읽을 필요가 없으니까 말이다. 유출하는 문제는 주로 어린아이들도 필히 알아야 할 중요한 내용에 한하며, 고학년 아이들은 난이도 높은 문제들을 풀기 위해 안내판을 꼼꼼히 읽어야만 한다.

예를 들자면, 뉴욕에 가서 자유의 여신상에 들렀다. 일단은 다른 관광객과 마찬가지로 열심히 사진을 찍고 구경을 한다. 그런 후, 주변에 있는 안내판들을 차근차근 읽어 나간다. 읽다가 중요한 것은 설명을 해 준다. "자유의 여신상이 들고 있는 횃불은 자유를 상징하고, 책은 독립선언서야. 프랑스가 미국의 독립을 축하하며 보내 준 선물이래." 내가 이런 식으로 상세하게 설명하고 가르쳐 준 내용은 반드시 출제된다. 난이도가 높은 문제는 동생들까지 외우게 할 필요가 없지만 도전할 수는 있다. 이런 경우는 혼잣말로 중얼거린다. "음, 에펠탑을 만들었던 구스타브 에펠이 이걸 만들었네?" 그 정도만 흘려도 아이들은 분주하게 출제 동향을 분석하고 서로 정보를 교환한다. "에펠, 구스타브 에펠. 이건 나올 거야."

퀴즈는 여행지에 관한 지식에 국한되지 않는다. 지리 공부도 자연스럽게 시킬 수 있다. 아이들은 아빠가 운전을 하다가 "방금 일리노이 주를 지났어. 여기서부터는 인디애나 주야." 하는 식으로 지명이나 도시 이름을 말해 주면 이도 새겨듣는다. '일리노이에서 플로리다까지 가는 길에 거쳐 가는 주를 순서대로 말하기'부터 '아빠가 말해 준 주 이름 가운데 생각나는 거 말하기' 등 다양한 난이도로 출제되기 때문이다.

중요한 것은 누구나 참여하게 하는 것이다. 아이들이 답을 모르면 힌트도 충분히 준다. "그것도 몰라?" "그렇게 말했는데도 잊어버렸어?" 하는 말은 순식간에 놀이를 수업으로 만들어 버린다.

여행을 통해 익힌 지식은 아이들의 학교 수업을 더 즐겁게 만들었다. 사회, 지리, 역사 시간이 되면 가 보았던 곳이 생각나고, 혹은 휴게소에 들러 컵라면을 먹었던 기억 때문에 친근한 마음이 들며 저절로 주의집중이 된다는 것이었다.

견학은 백 마디 말보다 효과적이다

여행은 우리의 삶과 자녀 교육에 많은 유익을 주었다. 그 가운데서도 가장 큰 유익은 아이들에게 학업이나 삶의 목표를 세워 주고, 스스로 결단할 수 있도록 동기부여를 해 주었다는 점이다. 우리는 때로 백 마디 말보다 살아 있는 현장을 보여 주기 위해 여행을 떠났다.

중학생이 된 경건이는 수학과 과학을 가장 잘했다. 그런데 당시 경건이의 꿈은 야구 선수였다. 아무리 봐도 야구에 재능이 없는 아이가 말이다. 어느 날, 수학 과외 한 번 받아 본 적 없는 경건이가 수학 경시대회에 나가 1등을 했다. 우리도 놀랐지만 본인도 깜짝 놀랐다. 아이의 수학 실력이 대외적으로 입증되자, 나는 야구 선수의 꿈을 돌려보려고 시도했다. "경건아, 너는 이렇게 수학을 잘하는데 수학자가 되는 건 어떨까?" 아이는 찬바람이 불도록 쌀쌀맞게 대답했다. "엄마, 나는 그냥 수학을 잘 할 뿐이지 좋아하지는 않아요." 무협지에 등장하는 무사도 아니건만, 단칼에 자르는 솜씨라니! 그러나 또 쉽게 승복할 나도 아니었다. "그래도 이렇게 수학 경시대회에 나가서 1등을 하기란 쉬운 일이 아닌데?" 허약한 시도에 강한 맞공격이 들어왔다. "도대체 수학은 어디다 쓸려고 배우는지 모르겠어요. 물건 사고 거스름돈 받을 정도만 알면 되지, 이 복잡한 공식들은 도대체 어디다 쓰자고 배우는 거예요?" 도대체가 파고들 틈이 안 보였다. 작전을 바꿔야 했다. "그럼 과학자는 어때?" 그러나 아이는 내가 생각했던 것보다 훨씬 강경했다. "엄마, 나는 아인슈타인도 아니고 에디슨도 아니에요. 난 그 정도의 천재가 아니라고요." 아이는 더 이상 대화할 가치도 없다는 표정이었다. 승산이 없어 보였다.

말보다 강한 무기가 필요했다. 단방에 아이를 무장 해제시킬 수 있는 방법이 뭘까? 한참을 고심하며 방법을 모색하던 중 아이디어가 떠올랐다. 수학과 과학이 유용하게 쓰이는 현장. 그 현장을 직접 보여 주자. 나는 남편과 함께 인터넷을 검색한 후, 아이들이 흥미를 느낄 만한 과학기지로 현장 견학을 가기로 결정했다.

마침 봄 방학이 시작되던 때였다. 우리는 야영 도구를 챙겨 아이들과 함께 플로리다로 출발했다. 20시간을 달려 도착한 플로리다에는 미 항공 우주국(NASA)이 있었다. 그 무렵 NASA에는 인공위성이 발사를 며칠 앞두고 발사대에 장착이 되어 있는 상태였다. NASA 견학 전날, 우리는 NASA 주변의 체험시설에 들렀다. 아이들은 우주선을 타고 우주에 가는 각종 시뮬레이션, 무중력 상태 체험, 실제 우주선 탑승 등 여러 가지 체험을 통해 항공 우주국에 대한 관심과 흥미가 한껏 고조되었다.

다음날, 아이들은 NASA에 가서 수많은 과학자가 각자의 지식을 모아 하나의 거대한 작품을 만드는 것을 보았다. 그리고 영화에서나 보던 과학기지의 복잡한 시설들을 둘러보며 과학 지식이 어떻게 활용되고 있는지를 보았다. 아이들은 그동안 수많은 실패 속에서도 좌절하지 않고 이루어 온 항공 우주국의 역사를 보았고, 역사의 한 페이지를 장식했던 수많은 우주선을 보기도 했다. 뿐만 아니라 이제 곧 우주를 향해 날아오를 새로운 우주선도 보았다.

아이들은 영화 속에서나 보던 장면들이 눈앞에 펼쳐지니 감동에 젖었다. 이제껏 어디에 써야 할지도 모르고 기계적으로 배웠던 과학이라는 학문이 이렇게 근사하게 활용되고 있다는 것, 그리고 아무짝에도 쓸모없을

미 항공우주국(NASA)에서 역사의 한 페이지를 장식했던 우주선 앞에 선 경건이와 아빠.
여행을 통한 동기부여는 백 마디 말보다 훨씬 강력하다.

것만 같던 고등수학이 우주선을 까마득히 먼 우주의 목표 지점에 안착시키고, 또 지구로 귀환하는 데 필요한 모든 계산을 하고 있다는 사실에 감동했다. 아이들은 꿈과 목표를 가진 인간의 무한한 잠재력에 감탄했다.

나는 곧 발사될 우주선 앞에서 아이들에게 말했다. "과학자란 너희들이 생각하는 것처럼 아인슈타인이나 에디슨과 같은 천재만이 될 수 있는 게 아니야. 수많은 과학자가 자기가 알고 있는 지식을 한데 모으면, 이런 엄청난 일도 가능하게 되는 거지."

그 후로 나는 더 이상 경건이에게 잔소리할 필요가 없어졌다. 논리적인 아이에게는 일방적인 강요나 지시가 통하지 않는다. 그런 아이를 움직일 수 있는 비결은 동기부여가 최선이다. 해야 할 이유가 분명히 이해되면 아이는 혼자서도 걸음을 옮기기 시작한다. 그때부터 아이는 시키지 않아도 알아서 공부했고, 수학과 과학에서 늘 탁월한 성적을 거두었다.

경건이뿐만 아니라 NASA를 견학했던 다른 아이들도 마찬가지였다. 이제까지 수학이나 과학을 재미없어 하던 아이들의 태도가 눈에 띄게 달라졌다. 그리고 얼마 후, 화평이와 승리도 수학 경시대회에 나가 상을 받았다. 동기부여의 힘은 모든 아이에게 강력한 영향력을 미치고 있었다.

차원이 다른 깨달음

동기부여의 힘은 학습에만 미치는 것이 아니다. 아이들이 한두 살 나이를 먹어감에 따라, 해야 할 일도 하나둘 늘어 간다. 아이들의 인생이 점차 피곤해지기 시작하는 것이다. 그에 따라 엄마의 역할도 점점 커지고 힘들어진다. 하기 싫어하는 아이를 독려하는 것. 정말 피하고 싶은 악역이다. 그럴 때도 우리는 여행을 떠났다. 여행을 통한 현장 학습은 아이를 스스로 깨닫게 하고 도전하게 하는 위력이 있었다.

미국에서는 공부 못지않게 운동도 중요하다. 종이기저귀를 차고 수영을 배우는 어린아이를 처음 봤을 때 얼마나 놀랐던지. 아이들이 그렇게 일찍부터 스포츠를 배우는데, 우리 아이들은 초등학교 5, 3, 2, 1학년이 되도록 스포츠에 도전할 생각을 하지 않았다. 그저 공을 가지고 노는 정도일 뿐, 힘들게 훈련하고 경기를 해야 하는 스포츠에는 관심이 없었다. 나약한 정신 상태였고 게으른 태도였다.

미국의 대학에서 스포츠를 평가의 기준으로 삼는 것을 나는 아주 지혜롭다고 생각한다. 진짜 스포츠는 놀이가 아니다. 힘들어도 견뎌 낼 수 있는 의지와 인내심이 없이는 불가능하다. 스포츠에서 강한 정신력은 필수적이다. 건강한 신체에 건강한 정신이 깃든다는 말은, 스포츠를 해 보면 그 의미를 실감할 수 있다. 미국의 고등학교에서 스포츠 주전 선수가 되는 것은 쉬운 일이 아니다. 공부를 못 하면 스포츠 선수에서도 탈락한다. 학교 대표 운동선수로 뛰려면 공부도 열심히 해야 한다. 그런가 하면 공부를 잘 하는 아이들은 좋은 대학을 가기 위해서라도 스포츠를 해야 한다.

또한 스포츠에 참여하는 것으로 그치지 않고 주전 선수로 뛰었느냐 후보로 있었느냐에 따라 차이가 난다. 주전으로 뛸 만한 기량이 있다는 것은, 천부적인 재능을 갖지 않은 이상 어릴 때부터 훈련을 받은 경우가 대부분이다. 즉 어린 시절부터 힘들어도 참고 견디는 훈련이 되어 있다는 것이다. 이렇게 끊임없이 자기와의 싸움을 해 온 아이들은 시키는 공부만 한 아이들과는 확연히 다르다.

하지만 우리 아이들은 스포츠를 해야겠다는 생각조차 안 하고 있었다. 다른 아이들보다 중학생이 되는 경건이가 우선 문제였다.

학교 스포츠팀은 중학교 때부터 시작된다. 그런데 경건이는 그때까지 어떤 스포츠도 제대로 해 본 적이 없었다. 스포츠의 필요성을 얘기해도 잔소리로 취급했다. 중학교에 가면 어떤 스포츠를 할 거냐고 물어도 별 관심이 없었다. 이런 아이에게 억지로 운동을 시킨들 무얼 얻겠는가? 정 신력은커녕 반항심만 고조될 것이다.

아이들에게 스포츠의 필요성을 깨닫게 하려면 어떻게 해야 할까? 고민 끝에 선택한 곳은 콜로라도의 올림픽 콤플렉스(U.S. Olympic Complex) 였다. 이곳은 올림픽에 참가할 선수들의 훈련 장소로, 한국으로 말하면 태릉 선수촌과 같은 곳이다. 아이들에게 꿈을 가지고 열심히 훈련하는 선수들을 보여 주기 위해 서쪽으로 20여 시간을 달려갔다.

올림픽 콤플렉스는 매 30분마다 무료 투어를 할 수 있었다. 올림픽에 관한 기록 영화를 통해 아이들은 영광의 승리와 감격의 눈물을 보았다. 고 된 훈련과 좌절의 아픔을 이겨 낸 진정한 승자들의 모습. 강도 높은 훈련 으로 인해 부상을 입은 선수들이 고통 속에서도 다시 일어나 세계 정상을 향해 훈련하는 모습들. 그 가운데는 열네 살의 어린 체조 선수도 있었다.

영화는 계속해서 강인한 정신의 소유자가 자신을 이겨 내고 영광을 쟁 취한 기록들을 보여 주었다. 애틀랜타 올림픽에서 아픈 다리로 마지막 착지 순간까지 꿋꿋이 버텨낸 후, 고통에 못 이겨 일그러진 얼굴로 주저 앉아 울던 캐리 스트럭. 그녀가 동료의 부축을 받으며 한 다리로 시상대에 올라 금메달을 받는 모습은 정말이지 압권이다.

올림픽 콤플렉스를 돌아보고 오는 길에 아이들에게 무얼 느꼈는지 물었다. "내가 어리지 않다는 걸 깨달았어요." "나와 같은 나이의 누군가는 세계 정상을 바라보며 노력하고 있었다는 사실이 너무나 충격적이었어요." "지금부터라도 뭔가를 해야 할 것 같아요." "엄마, 나도 스포츠 하고 싶어요."

여행에서 아이들이 스스로 얻는 깨달음은 결국 그들의 마음을 움직인다. 이것은 차원이 다른 깨달음이다.

수영 장학생 선발 대회에서
일어난 화평이의 반란

용기 있는 반란이 불러온 기적

아이들이 드디어 스포츠팀에 들어가겠다고 결단했다. 고마운 일이다.

미국에서는 수영을 배우기가 쉽다. 100불 정도면 레인이 있는 시립 수영장을 한 가족이 시즌 내내 자유롭게 이용할 수 있다. 레인이 없는 작은 풀장 정도는 서민들이 사는 아파트에 무료 시설로 딸려 있기도 하다. 시립 수영장에서는 저렴한 비용으로 수영 지도도 받을 수 있다. 그러나 수영하는 방법만 가르칠 뿐, 선수로 훈련시키는 곳은 아니다.

수영 선수가 되려면 수영팀에 들어가야 했다. 수영팀에서는 하루 두세 시간씩 집중적으로 훈련을 하고 각종 대회도 나가게 된다. 그런데 수영팀에 들어가 훈련을 받는 데는 적지 않은 비용이 든다. 네 아이를 수영팀에 보내려면 레슨비만 1,000불이 넘게 들기 때문에 현실적으로 감당할 수가 없었다. 그런데 수영팀에 장학생 제도가 있다는 사실을 알게 되었다. 자유형, 평영, 접영, 배영, 이 네 가지 종목으로 시합을 해서 장학생을 선발한다는 것이다. 무조건 도전해야 했다. 우리 아이들이 수영을 할 수 있는 유일한 길이었기 때문이다.

올림픽 콤플렉스에 다녀온 후, 아이들은 수영 장학생이 되기 위해 수영 연습에 돌입했다. 코치는 아빠였다. 그런데 남편도 정식으로 수영을 배운 적이 없는 사람이다. 제아무리 운동 신경이 뛰어나다 해도 어깨너머로 배운 실력으로 아이들을 가르치는 데는 한계가 있었다. 특히 접영은 흉내조차 낼 수가 없었다. 하는 수 없이 시립 수영장 수영 교실에 보내기로 했다.

그런데 두 주가 지나자 수영 선생님이 우리를 불렀다. "아이들에게 더 가르칠 게 없어요. 나머지 레슨비는 환불해 줄 테니 그만 나오세요." "무슨 소리에요? 아직 접영은 배우지도 않았잖아요?" "접영은 여기서 가르치지 않아요." 이게 무슨 소리? 알고 보니 시립 수영장에서는 생활체육 정도로만 가르치지, 그 이상의 수준은 가르치지 않는다는 것이었다. "우리는 접영을 배워야 하는데⋯⋯. 그럼 접영은 어디서 배울 수 있나요?" "접영을 배우려면 수영팀에 들어가야 돼요."

난감했다. 수영팀에 들어가려고 접영을 배우려는 것인데, 수영팀에 들어가야 접영을 배울 수 있다니. 이건 완전히 모순이다. 결국 수영팀에 들어가서 접영을 배운 후 장학생에 도전해야 한다는 말이다. 그러나 우리는 접영을 배울 때까지의 비용도 감당할 수가 없었다.

남편은 포기하지 않았다. 도서관에서 수영에 관한 책과 비디오를 빌려와 접영을 연구하기 시작했다. 그리고 엉성하긴 하지만 뭔가 접영스러운 것을 아이들에게 가르치기 시작했다. 아이들은 선무당을 따라 열심히 흉내를 냈고, 점차 그 모양새가 접영과 비슷해졌다.

그런데 화평이가 문제였다. 다른 아이들보다 늘 조금 늦은 화평이는 선발 대회가 임박하도록 접영을 흉내조차 내지 못하고 있었다. 자기 딴에는 열심히 한다고 하는데 아무리 봐도 손 따로 발 따로 허우적대는 걸로만 보였다.

시간은 사람을 기다려 주지 않는다. 화평이는 여전히 준비가 되지 않았지만, 야속하게도 대회 날이 되었다. 다른 영법이 완벽해도 접영을 통과하지 못하면 과락이다. 화평이의 결과는 뻔해 보였다. 나는 화평이를 출전시키지 말자고 했다. 하지만 남편의 생각은 달랐다.

수많은 지원자는 한눈에 보아도 수영을 꽤나 오래한 듯 보였다. 스타트 자세부터가 달랐다. 6명을 한 조로 묶어 테스트를 하는데, 수영모도 없이 차례를 기다리는 네 아이들의 모습에 나마저도 주눅이 들었다. 그러나 아이들은 기특하게도 자유형과 평영, 배영을 무난히 통과해 주었다.

그리고 마침내 운명의 시간이 왔다. 화평이의 접영 테스트가 시작되었다. 선수용 수영복과 수영모를 착용하고 날렵한 자세로 스타트를 기다리는 아이들과 벙벙한 비치용 수영복을 입고 맨머리로 어정쩡하게 서 있는 화평이가 나란히 출발선에 섰다. 아이가 느낄 감정에 마음이 아파 눈물이 나려는 순간, 신호가 울렸다. 그리고 믿을 수 없는 일이 벌어졌다. 물속에 뛰어든 화평이가 다른 아이들보다 빠른 속도로 나아가고 있었다. 자유형으로 말이다. 이건 접영 시합인데⋯⋯. 하지만 아이는 멈추지 않았다. 끝까지 포기하지 않고 자유형으로 결승점에 들어왔다. 의심의 여지 없는 명백한 실격이었다.

그런데 이번엔 코치가 반란을 일으켰다. 화평이를 장학생으로 선발한 것이다. 코치는 화평이가 자유형으로 수영한 사실을 모르는 걸까? 도대체 무슨 생각이지? 코치는 접영 기술과 포기하지 않는 정신력 중 더 중요한 것을 선택했다. 코치의 지혜로움에 감사할 따름이었다.

어른인 나도 포기하고 싶던 그 순간에 아이는 주어진 기회를 꽉 붙들었다. 접영 시합인 줄 뻔히 알면서 어떻게 자유형을 할 생각을 했냐고 물었더니 아이는 말했다. "그건 내가 잘 할 수 있는 거니까요." 아이에게는 남들의 시선보다 스스로의 최선이 더 중요했던 것이다. 3년 후, 화평이는 소속팀 연령대의 에이스로 활약하며 팀의 신기록을 갱신하는 활약을 펼쳤다. 코치의 판단은 참으로 정확했다.

그날의 사건에는 보이지 않는 주역이 있었다. 그 누구도 화평이가 장학생이 되리라고 생각하지 않았지만, 남편은 기어이 화평이를 대회에 내보냈다. 남편은 자신이 할 수 있는 최선을 다했고, 결과는 아이 자신과 하나님에게 맡겼다. 다행히도 화평이는 포기하지 않았고 할 수 있는 한 묵묵히 그 일을 감당했으며, 하나님은 이 모든 어리석은 상황을 통해 일하셨다.

지혜의 왕 솔로몬은 말한다. "바람이 분다고 기다리면 씨를 뿌리지 못할 것이며 구름이 끼었다고 기다리면 추수하지 못할 것이다. 바람이 어떻게 불며 태아가 어떻게 자라나는지 알 수 없듯이 만물의 창조자이신 하나님의 일도 이해할 수가 없다. 너는 아침에도 씨를 뿌리고 저녁에도 씨를 뿌려라. 이것이 잘 자랄지 저것이 잘 자랄지 아니면 둘 다 자랄지 알수 없기 때문이다"(전도서 11:4~6, 현대인의 성경).

우리는 때로 환경이나 조건이 갖춰지지 않는 것을 탓하며 우리가 해야할 일을 포기해 버린다. 그러나 우리가 포기하지 않을 때 하나님이 어떤방법으로 그 일을 하실지는 아무도 알 수가 없다. 만약 우리가 인간적인생각과 판단으로 포기해 버린다면, 그것은 하나님이 역사하실 기회를 차단하는 것일 수도 있다. 우리의 할 일은 씨를 뿌리는 것이다. 우리는 우리에게 맡겨진 역할에 최선을 다하면 된다. 결과는 자라게 하시는 하나님에게 맡기자. "너의 행사를 여호와께 맡기라. 그리하면 네가 경영하는 것이 이루어지리라"(잠언 16:3).

승리의 비결은 주어진 상황에 최선을 다하는 것

화평이는 진취적이거나 호전적인 아이가 아니다. 어떤 고난에도 맞서리라는 강인함도 없었고, 새로운 일에 도전하는 것을 즐기지도 않았다. 오히려 툭하면 눈물을 쏟는 유약하고 보드라운 성격이었다. 하지만 유약함 속에서도 꼿꼿한 정신력을 가진 화평이는 그래서 더 가치가 있다.

나와 화평이를 제외한 나머지 가족들은 모두 놀이기구를 비롯해 각종스릴 즐기는 것을 좋아한다. 뒤집어지고 엎어지고 까마득히 높은 곳에서내리꽂히듯 떨어져도 두손을 번쩍 들며 좋아한다. 막내 승리는 혹여 키제한에 걸려 놀이기구를 못 타게 되면 속이 상해 눈물까지 흘렸다.

그러나 화평이는 좀 달랐다. 모두가 좋아하니 혼자 빠지기가 싫어 동참

하는 것일 뿐 즐거워 보이지는 않았다. 또 다른 놀이기구를 타자는 남편의 제안에 세 아이는 환호성을 질렀지만, 화평이는 가만히 있었다. 싫다고는 하지 않았지만 내키지 않는 표정이었다. 나는 화평이에게 슬쩍 돌려 물었다. "화평아, 엄마랑 페달 보트 타러 갈까?" 화평이의 표정에 안도감이 묻어났다. 남편과 다른 아이들의 눈이 휘둥그레졌다. "페달 보트를 타러 간다고?" "그건 애들이나 타는 거잖아." "에이, 그건 너무 재미없어." "화평아, 타다 보면 너도 재미있어질 거야." 남의 속도 모르고 다들 떠들어 대길래 "아니야. 엄마도 롤러코스터는 그만 탈래. 속이 메슥거리고 토할 것 같아. 화평아, 우리 페달 보트 타러 가자."고 말했다. 아이는 말없이 나를 따라나섰다. 화평이는 이렇게 여리고 속이 깊은 아이다.

그런 화평이가 6학년 때 4년간 정들었던 학교와 친구들을 떠나 전학을 가게 되었다. 아는 사람 하나 없는 스쿨버스에 아이를 태우면서, 나는 안쓰러운 마음에 눈물이 났다. 그나마 4학년 승리가 같은 학교에 다닌다는 것에 안도감을 느꼈다.

새로 간 학교는 이전 학교보다 실력이 한 등급 떨어지는 학교였다. 그래서 화평이가 이전 학교에서 이미 배운 내용들을 다시 들어야 했다. 그 사실을 안 화평이의 담임 선생님이 우리를 불렀다. "데이빗은 아무래도 월반을 하는 게 좋겠어요. 그런데 내가 월반을 권했더니 아이 눈에 눈물이 고이더라고요. 그래서 나는 더 이상 말을 할 수가 없었는데, 부모님이 잘 이야기해 보세요."

집에 돌아와 화평이에게 월반 이야기를 꺼냈다. 선생님이 말한 대로 아이의 눈에는 눈물이 고이기 시작했다. 화평이는 이미 떠나온 친구들이 그리웠고, 어렵게 사귄 친구들과 또다시 헤어지기가 두려웠던 것이다. "네가 월반을 하기 싫으면 안 해도 돼. 그런데 아는 것을 또 배우려면 지겨울 텐데, 그래도 괜찮겠어?" 아이는 또다시 친구들과 헤어지느니 차라리 지겨운 쪽을 선택하겠다고 했다.

월반을 하지 않고 그렇게 1년이 끝나 가던 무렵 화평이가 말했다. "엄마, 저 내년에는 월반할게요. 1년 동안 지겨워서 혼났어요." 이 말에 나는 깜짝 놀라 얘기했다. "안 돼, 화평아. 월반은 이미 늦었어. 금년이야 배운 걸 또 배우게 되니까 월반을 권한 거지. 내년에는 네가 배우지 않은 걸 공부하게 될 거야." 그런데 옆에 있던 남편은 월반이 하고 싶으면 해 보라고 권했고, 아이도 무슨 생각인지 마음을 바꾸지 않았다.

매사에 진취적이고 겁이 없는 남편은 교육청에 찾아가 화평이의 월반에 대해 알아보기 시작했다. 그런데 교육청에서는 화평이보다 한 학년 위의 사랑이에게 주목했다. 동생이 월반을 해서 누나와 같은 학년에 다니는 것이 괜찮겠냐며, 손위 아이가 자존감에 상처를 입을 수도 있다는 것이었다. 그러나 사랑이는 웬만한 남자아이보다 강한 아이였다. "동생이 똑똑한 게 내 잘못은 아니잖아요. 근데 왜 내가 그걸 신경 써야 해요?" 교육청에서는 사랑이도 상위권의 성적이라는 것을 확인하고 화평이의 월반을 허락해 줬다.

자기가 원해서 선택한 일이지만 막상 월반이 결정되니 화평이는 화들짝 놀랐다. 그리고 그제서야 자신이 극복해야 할 공부량이 만만치 않다는 것을 깨달았다. 무엇보다 스페인어가 문제였다. 화평이는 알파벳조차 모르는데 다른 아이들은 지난 1년 동안 공부해 왔다. 나머지 과목들도 마찬가지로 공부해야 할 분량이 많았다. 아이는 결국 일을 친 아빠를 원망했다. 그러나 이미 일은 벌어졌고, 이제는 어떻게 수습할지가 중요했다.

남편은 학교에 찾아가 화평이가 건너뛸 1년간의 교과서들을 얻어 왔다. 이제 화평이는 3개월간의 방학 동안 그 모든 교과 과정을 공부해야만 했다. 아이의 표정에서 두려움이 느껴졌다. 두렵기는 나도 마찬가지였다. 그러나 나마저 자신 없는 모습을 보일 수는 없었다. 나는 아이의 두려움을 걷어내고 자신감을 키워 주기 위해 아이의 등을 가만히 쓸어 주며 말을 건넸다. "화평아, 무섭니?" "음, 무섭지는 않지만 걱정이 되요." "그래. 많이 걱정되지? 어쩌면 자존심이 많이 상할 수도 있어. 너는 항상 A를 받아 왔지만, 이제는 C를 받을 수도 있고, D를 받을 수도 있어. 그렇다 하더라도 너무 충격을 받을 필요는 없어. 처음엔 당연히 그럴 수밖에 없지. 하지만 1년이나 2년이 지나면 극복할 수 있을 거야. 그러니 너무 걱정하지 마." 아이는 한결 편안해진 얼굴로 고개를 끄덕였다.

아이가 가장 두려워한 것은 성적이었을 것이다. 혹여 낮은 성적 때문에 엄마가 화를 내지는 않을까, 아빠가 내게 실망을 하면 어쩌지? 그래서 나는 가장 먼저 아이의 부담감을 덜어주고, 엄마가 기대하는 것은 좋은 성적이 아니라는 것을 알려 주었다. 그러자 화평이는 두려움을 털어내고 해야 할 공부에 집중하기 시작했다.

아이는 조금은 편안한 마음으로 새학기를 맞았다. 그리고 첫 학기에 올 A를 맞았다. 화평이는 물론이고 우리 가족 모두가 놀랐다. 이 일을 계기로 화평이는 스스로에 대해 더 큰 자신감을 가졌고, 도전하는 것을 두렵게만 느끼지 않게 되었다. 여리고 겁이 많던 화평이는 자기가 처한 상황에서 묵묵히 해야 할 일들을 감당함으로써 한 발 한 발 성장해 갔다. 어렵고 힘든 도전들을 통해 아이는 더 강해지고 단단해진 것이다.

너 자신을 이겨라

가장 큰 경쟁자는 바로 자기 자신

아이들이 수영을 시작한 후, 나의 일과는 한층 더 바빠졌다. 학교가 끝난 아이들을 수영장에 데려다 주고, 또 먹을 것을 준비해서 데리러 가야 했다. 하지만, 뒤늦은 출발에 강도 높은 훈련을 견디고 있는 아이들보다야 힘들었을까? 아이들은 늦은 출발을 만회하기 위해 혼신의 힘을 다하고 있었다.

특히 경건이는 다른 아이들뿐 아니라 자존심과도 싸워야 했다. 수영팀은 경력이 아닌 나이에 따라 편성되었고 연령에 준하여 대회를 진행했다. 경건이는 만 열세 살에 수영팀에 합류했다. 어려서부터 수영을 하고 그 나이에 이른 아이들은 체력과 실력이 거의 성인과 맞먹었다. 심지어 수영팀 내에는 국가대표나 올림픽을 목표로 하는 아이들도 있었다. 마린보이 박태환 선수도 열네 살의 나이에 아테네 올림픽에 출전했다. 불행히도 올림픽이라는 부담감을 떨치지 못하고 예선에서 실격되긴 했지만 말이다.

코치는 경건이가 수영에 재능이 없지 않다며 일단 장학생으로 받아 주었다. 하지만 동급생이 아닌 한 단계 어린 연령대로 배치했다. 아무래도 6~7년간 실력이 쌓인 동급생과 훈련을 받는 것은 불가능해서였다. 그런데 어린 동생들조차도 경건이보다 실력이 뛰어났고, 경건이로서는 매일이 버거웠다. 이제 막 사춘기에 접어든 아이에게 그 짐이 얼마나 크고 무거웠을까?

훈련을 받은 첫날, 경건이는 내내 울적한 모습이었고 결국 수영팀에 나가고 싶지 않다고 말했다. 나는 경건이에게 2000년 시드니 올림픽에서 수영 영웅이 된 에릭 무삼바니의 이야기를 해 주었다.

국제 규격의 수영장 하나 없는 아프리카의 작은 나라에서 온 무삼바니. 그는 8개월이라는 일천한 수영 경력으로 올림픽에 출전했다. 개발도상국에 대한 수영연맹의 초청으로 지구촌 축제에 참여한 것이다. 생전 처음으로 기다란 레인에서 수영을 했고, 개헤엄에 가까운 엉성한 폼이었지만 포기하지 않고 완주해 나갔다. 자신의 조국 기니를 세계에 알리기 위해 올림픽에 참가했다는 무삼바니는 끝까지 최선을 다하는 올림픽 정신으로 전 세계인에게 감동을 주었다. 당시 금메달 기록보다 2배가 넘는 기록으로 결승점에 들어왔지만 그 누구보다 감격스러운 표정으로 두 손을 번쩍 치켜들었다. 한 번도 해 본 적 없는 도전이었지만 끝까지 당당하게 임했던 무삼바니에게 관중들은 기립 박수를 보냈고, 그는 시드니 올림픽의 영웅이 되었다.

나는 아이에게 스포츠는 경쟁이 목적이 아니라 자기와의 싸움에서 이기는 것이 목표라고 강조했다. 그리고 지금은 한 단계 낮은 팀에서 출발하지만, 중요한 것은 결과가 아니겠냐며 경건이 자신의 에피소드를 상기시켰다.

경건이가 4학년까지 다녔던 학교에서는 5학년부터 오케스트라 수업을 실시했다. 그런데 전학을 온 학교에서는 4학년 때부터 오케스트라 수업을 받고 있어서, 5학년 때 전학을 간 경건이는 그때도 4학년과 함께 지도를 받았다. 경건이는 혼자 연습해서 두 달 후에 5학년 팀으로 올라갔다. 그리고 당당히 솔로까지 해냈다.

나는 말했다. "엄마는 네가 수영을 잘해서 메달을 받아 오는 것도 좋지만, 그보다 더 중요한 것을 배울 수 있었으면 좋겠어. 목표는 수영이 아니라 인생이야. 수영을 통해 항상 처음 도전하는 두렵고 힘든 인생을 헤쳐 나갈 자신감과 용기를 배웠으면 좋겠어." 아이는 다시 마음을 추슬러 힘든 훈련과 스스로를 견디며 인생을 배워 갔다.

일등 하려고 수영을 하니?

고된 훈련을 마치고 돌아오는 길에, 아이들은 서로 그날의 일에 대해 얘기하곤 했다. "오늘 다리를 안 움직이고 어깨로만 수영할 때 힘들지 않았어? 난 너무 힘들었는데." "맞아. 그거 생각보다 엄청 힘들더라. 난 지금도 어깨가 뻐근해." "열 바퀴 다 돈 줄 알았는데 한 바퀴가 더 남았다는 걸 알았을 때 거의 죽을 것 같았다니까." "너희는 열 바퀴만 돌았어? 우리는 스무 바퀴였어." "진짜? 와, 정말 대단하다." 이렇게 재잘거리는 아이들의 목소리에서 어떤 불평이나 원망도 느낄 수 없었다. 마치 들은 이야기를 전하듯, 그렇게 스스럼없이 얘기할 뿐이었다. 아이들은 그렇게 스스로 선택한 일을 열심히 해내고 있었다. 나는 그저 기특할 뿐이었다.

그렇게 한 달 정도가 되었을까? 수영 대회가 열린다는 소식이 들렸다. 하지만 아이들이 수영을 시작한 지가 얼마 되지 않아서 우리에게 해당되는 일은 아니라고 생각했다. 그렇게 여기며 큰 관심을 두지 않고 있는데, 코치가 나를 불렀다. 아이들을 수영 대회에 보내라는 것이었다. 응? 이제 갓 제대로 된 폼을 익혔을 뿐인데?

미국 아이들은 유치원에 다닐 무렵부터 스포츠를 시작한다. 한국에서는 지적인 조기교육이 성행하지만, 미국에서는 조기 스포츠 교육이 성행한다고 해도 과언이 아니다. 자라나는 아이들의 건강을 위해 분명 옳은 일이기도 하지만, 엄밀히 따지면 그것도 하나의 입시 전략이다. 미국의 명문 대학들은 학업 뿐 아니라 스포츠나 예능 등 다양한 분야에 능통한 학생을 선호한다. 그래서 교육열이 높은 부모들 가운데는 공부를 비롯해 종합적인 입시 카운슬러를 고용하기도 한다. 카운슬러는 아이들이 어려서부터 체계적으로 입시 준비를 할 수 있도록 계획하고 점검하는데, 그들을 고용하는 비용이 무려 수만 불에 이른다는 기사를 보았다. 공부의 경우는 학원식의 단체 수업보다는 개인 교사를 선호하는데, 이런 속내를 알고 보면 우리나라의 교육열과 크게 다르지 않다는 생각도 든다. 물론 정부의 교육 정책은 크게 다르다. 입시 위주의 주입식 교육과 전인 교육의 차이 말이다.

이런 분위기 때문인지 미국 아이들은 운동을 혀를 내두를 만큼 잘 하는 경우가 많다. 그런데 정식으로 수영을 시작한 지 이제 겨우 한 달된 우리 아이들을 대회에 내보내라니! 얼토당토않았다. 물개처럼 쏜살같은 아이들 사이에서 창피만 당하지 않겠느냐 말이다. 뭐하러 돈까지 내가며 사서 망신을 당하겠는가!

그래서 나는 코치에게 얘기했다. "보나마나 우리 애들은 꼴찌를 할 텐데 뭐하러 대회를 나가나요? 나중에 실력이 쌓여 순위권에라도 들 수 있을 정도가 되면 나가는 게 낫겠어요." 그러자 코치가 믿을 수 없다는 표정으로 말했다. "당신은 일등을 하려고 수영을 하나요?"

앗, 일등을 하려고 수영을 하냐고? 이 말을 들은 순간, 나는 뒤통수를 얻어맞은 듯했다. 고개를 들 수 없을 만큼 부끄러운 생각이 들었다. 무슨 말을 해야 할지 몰라 그저 아이들을 수영 대회에 보내겠다고 말하고 황급히 걸음을 옮겼다.

일등을 하려고 수영을 하니? 일등을 하려고? 이 말이 계속해서 머리를 떠나지 않았고, 나를 깊은 생각에 빠뜨렸다. 그동안 우리는 남을 이겨야만 하는 심각한 경쟁에 처해 본 적이 없었다. 그런데 마침내 세상을 살아가며 피할 수 없는 경쟁에 맞닥뜨린 것이다. 이런 상황에서 나는 아이들을 어떻게 가르쳐야 하는 걸까? 그것도 꼴찌를 할 아이들에게 말이다.

오랜 생각 끝에 마침내 아이들을 지도할 원리를 찾아냈다. "너 자신을 이겨라!" 이것 외에 더 절실한 것은 없다고 생각했다. 지금의 위치 때문에 괴로워할 필요도 없다. 누군가를 이기려고 스트레스를 받을 필요도 없다. 단지 지금의 위치에서 조금만 더 나아가면 된다. 오직 스스로의 나태함과 안일함과만 싸우면 된다. 아이들은 결국 평생에 걸쳐 자기 자신과 싸워야 할 것이다. 인생이란 결국 그런 게 아닐까? 나 자신을 이긴다면 결국 자기 생의 승자가 될 수 있을 것이다. 순위나 결과보다 중요한 것은 스스로에 대한 자부심과 긍지이니까 말이다.

대회를 앞두고 아이들에게 말했다. "이번 대회에서 너희들이 꼴등을 하더라도 부끄러워하거나 좌절할 필요는 없어. 이번에는 너희들 실력이 어느 정도인지만 확인하는 거야. 그리고 그 기록을 단축시켜 나가자. 그 누구도 신경 쓸 거 없어. 너 자신만 이기면 돼. 너희들이 자신의 기록을 단축시킬 수만 있다면, 등수와 상관없이 너희들은 이긴 거야."

자신을 이길 수 있으면 모든 것을 이길 수 있다

결과는 예상대로 참담했다. 아이들은 모두 가장 실력이 나쁜 6명의 선수가 경쟁하는 예선 마지막 조에 편성되었고, 거기에서마저 실력차가 상당했다. 그 중에서도 경건이는 다른 아이들이 결승점에 도착한 후로도 한 바퀴를 더 돌아야 했다. 안쓰럽다 못해 눈물이 날 지경이었다. 사랑이는 유연하게 물길을 타며 마지막 조에서 1등을 했지만, 그마저도 규정을 이탈해 실격 처리가 되었다. 화평이와 승리 역시 하위권이었다.

그러나 이것은 시작일 뿐이었다. 아이들의 대회 기록은 그 이후로 가파르게 상승했다. 아이들은 스스로와 싸우며 기록을 단축해 갔고, 1년 반이 지날 무렵에는 에이스 그룹에 속하게 되었다. 그리고 3년이 지난 후에는 팀의 최고 기록을 갱신하기에 이르렀다.

사랑이는 고등학교에서 학교 대표 수영 선수로 활약하는 동안, 11년간 깨지지 않던 교내 신기록을 수립했다. 사랑이의 이름은 학교 수영장에 신기록 보유자로 기록되었고, 그 기록은 8년 동안 깨지지 않았다.

수영팀에 들어간 지 1년 반만에 화평이와 사랑이는 주(州) 선수권 대회의 참가 자격을 따냈고, 화평이는 주(州) 대회 선수권 출전권이 달린 지구별 대회에서 당당히 챔피언에 올랐다.

수영 대회에서 우리 아이들은 다른 사람들이 이해할 수 없는 행동을 할 때가 있다. 바로 1등을 해도 기뻐하지 않거나 꼴찌를 하고서도 기뻐하는 것이다. 그것은 목표가 순위에 있지 않고, 자기 자신과의 싸움에 있기 때문이다. 기록을 단축하면 순위와 상관없이 뛸 듯이 기뻐했다. 하지만 이전 기록보다 좋지 못하면 1등을 했어도 머쓱해 한 것이다.

수영을 통해 아이들의 정신력은 나날이 강해졌다. 수영은 0.01초로도 순위가 바뀌는 피 말리는 종목이다. 출발이 조금만 늦어도 순위에서 밀리고, 조금이라도 빠르면 그대로 실격이다. 한 치의 실수도 용납되지 않았다. 그만큼 고도의 정신력과 순발력을 필요로 한다. 그런 긴장을 경험하고 견디고 또 이겨 내는 일은 아이들에게 큰 자양분이 되었다.

때로는 억울한 일도 있었다. 지구별 대회에서의 일이다. 화평이는 시즌 1위로 4번 레인을 배정받은 가장 강력한 우승 후보였다. 수영 대회에서 출발 신호는 반짝하는 빛과 '삐'하는 신호음이 동시에 떨어진다. 선수들이 숨막히는 긴장 속에 스타트 신호를 기다리는 순간, 어디선가 카메라 플래쉬가 터졌고 화평이는 그대로 물속으로 뛰어들었다. 실격이었다. 그러나 화평이의 잘못이 아니라는 걸 심판진도 인정했고, 화평이는 다시 출발대로 올라섰다. 하지만 열한 살 소년이 실격 처리 후 곧바로 평정을 유지하기란 쉽지 않았다. 출발을 앞두고 아이의 어깨가 살짝 떨렸다. 그

움직임으로 인해 결국 또다시 실격이 되었다.

실격 처리를 받고 4번 레인에서 내려오는 우승 후보. 아이를 바라보는 내 가슴이 쓰렸다. 그러나 화평이는 동요하지 않았다. 화를 내지도 않았다. 심지어 고개를 숙이거나 아쉬워하지도 않았다. 그저 아무 말도 없이 조용히 고글을 벗으며 퇴장했다. 아이는 억울한 상황도 조용히 인내하고 있었다. 대회가 끝난 후, 화평이는 도리어 속상해하는 나를 위로했다. 거북이, 겁쟁이, 울보 화평이가 갑자기 큰 어른으로 느껴졌다.

스스로 공부하며 자신과 싸우는 아이들

"너 자신을 이겨라!" 오랜 생각 끝에 얻어낸 이 원리는 수영뿐 아니라 학업에도 적용되었다. 많은 사람이 미국에는 학원이 없는 줄 안다. 그리고 미국에 오면 모두 미국식으로 사는 줄로 생각하는 것 같다. 사실은 그렇지가 않다. 한국 사람이 사는 곳에는 학원과 노래방부터 생긴다는 말이 있을 정도로, 한국 사람들은 미국에 와서도 한국식을 고수하는 경우가 많다. 그리고 조금만 생활이 안정되면 너나 할 것 없이 보다 나은 학군으로 이사를 간다.

우리 아이들의 한국 친구들은 대개가 세 군데 이상의 학원을 다닌다고 했다. 그것도 부모의 강요에 의해서 억지로 학원을 다니는 경우가 태반이었다. 아이들은 그런 친구들을 동정하며 말했다. "만약 엄마가 나한테 그렇게 강제로 학원에 다니라고 한다면, 나도 엄마가 싫어질 것 같아."

학원 교육을 좋아하지 않는 우리 아이들은 모두 집에서 스스로 공부하기를 원했다. 그러나 교과서만으로 공부하는 데는 한계가 있었고, 그래서 선택한 것이 SAT였다. SAT는 초등학생이 풀 수 있는 난이도부터 고난도의 문제까지 다양한 수준과 유형의 문제가 있었다. 그래서 고등학교에 들어가는 경건이부터 초등학생 승리까지 다 같이 공부할 수 있었다.

한 달에 한 번, 집에서 SAT 모의고사를 치렀다. 똑같은 모의고사 문제지로 고등학생, 중학생, 초등학생인 네 아이가 함께 시험을 치르는 것이다. 그리고 이전 모의고사보다 오른 점수만큼의 포인트를 각자에게 주었다. 포인트는 어릴 때부터 시행해 왔던 스티커 제도의 연장선으로, 우리 아이들의 용돈을 산정하는 기준이다. 긍정적인 행동을 강화하기 위해 시행해 왔던 이 제도는, 아이들이 성장함에 따라 구체적인 행동, 즉 학습, 운동, 악기 연습, 자원봉사 등의 노력에 대한 보상으로 주어졌다. 거기에 매달 SAT 모의고사 결과를 바탕으로 오른 점수만큼 포인트가 추가되는 것이다.

네 아이는 학년이 다른 만큼 점수도 천차만별이었다. 하지만 SAT 점수에 따라 용돈이 달라져도 아무도 불만을 갖지 않았다. 절대적인 기준이 아닌 각자가 성장한 만큼 용돈이 주어지기 때문이다. 결국 나이에 따른 지적 수준이 달라도, 자신과의 싸움이라는 점에서 누구에게나 공평했다.

결과적으로 SAT로 공부시킨 이 방식이 사교육의 효과를 누리게 한 것이 아닌가 한다. SAT 문제에는 일정한 패턴이 있다. 학원에서는 바로 이 패턴을 분석해 출제 동향을 파악하고 답을 찾는 요령이나 풀이 방법을 가르친다. 물론 우리 아이들은 답을 찾는 요령을 알지 못했다. 그저 답을 찾을 뿐이다. 어차피 방법, 요령이라는 것은 정석으로 답을 찾을 수 없는

매달 집에서 SAT 모의고사를 치르는 아이들.
그간 아이들이 자기 자신과 싸워 온 결과를 측정하는 우리 집 정기 행사였다.

자들의 비상수단일 뿐, 이런 요령만으로는 장기전을 버틸 수가 없다. 우리 아이들은 일찍부터 SAT를 접하고 반복해서 공부했다. 그러다 보니 자연적으로 SAT의 출제 동향과 패턴에 익숙해진 것은 아닐까?

아이들은 물론이고 나와 남편은 처음부터 아이들을 아이비리그를 목표로 공부시킨 적이 없다. 또 한 번 강조하지만 그저 매달 자기와 싸우며 스스로 나아지고자 노력했을 뿐이다. 그렇게 하다 보니 어느 순간 "어? 이 정도면 하버드도 가겠는데?" 하는 수준에까지 올라간 것이다. SAT도, 운동도, 악기도, 자원봉사도 모두 그렇게 발전시켰고, 그러다 보니 자연스럽게 아이비리그까지도 목표로 할 수 있게 되었다.

너 자신을 믿어라

훗날 경건이가 입시를 준비할 때의 이야기다. 학교에서는 경건이의 실력과 경력이 하버드에 들어가는 데 무리가 없을 거라고 했다. 그런데 처음 시도했던 SAT에서 만점이 나오질 않았다. 미국의 대입 전형은 단순히 점수로만 뽑는 것이 아니라 인종별로 균형을 맞추어 선발한다. 그래서 대체로 교육열이 높지 않은 흑인들은 다른 인종에 비해 낮은 점수로도 명문대에 진학한다. 반면 동양인들은 상대적으로 들어가기가 더 어렵다. 동양인 부모들의 높은 교육열로 인해 성적이 우수한 학생들이 상당히 많은 까닭이다. 그러다 보니 동양인 학생 중에는 SAT 만점에 올 A의 완벽한 내신을 가지고도 낙방하는 경우가 부지기수다. 오죽하면 다음과 같은 입시 준비 요령을 조언받기도 한다. "네가 만일 흑인이라면 지원서에 흑인이라는 것을 최대한 부각시켜라. 그러나 동양인이라면 이름부터 미국식으로 바꾸고, 동양인이라는 것을 최대한 숨겨라."

미국은 고3이 되어도 입시 위주의 교육을 하지 않는다. 스포츠 활동도 종전대로 계속해야 한다. SAT나 입시 지원서 준비는 개별적으로 알아서 해야 했는데 우리 부부는 미국에서 학교를 다닌 게 아니라서 아이에게 뭘 어떻게 해 주어야 할지 알지 못해 답답했다.

그 무렵, 하버드에 들어간 한국 여학생의 이야기를 듣게 되었다. 그 학생의 사례에 따르면 SAT 학원을 다니면 200점을 더 올릴 수가 있다고 했다. 한국의 학원들은 문제 풀이 요령이 탁월하기 때문에, 미국에 사는 한인 2세들이 방학 동안 한국에 가서 SAT 학원을 다닌다는 기사도 있었다.

그런 기사들을 접하자 내 마음에도 동요가 일었다. 아이에게 직접 다른 학생들은 어떻게 준비하고 있는지 물어봤다. "경건아, 친구들은 SAT를 어떻게 준비하니? 학원은 안 다니고 다들 너처럼 혼자서 공부하니?" "학원에 다니는 친구들도 있어요." "너도 학원에 다녀 볼래?" "엄마는 참, 그런 학원이 얼마나 비싼지 모르세요?"

학원비? 얘가 그간에 가고 싶어도 돈 때문에 못 간 거 아니야? 이런 생각이 들자 나는 더 적극적으로 나섰다. "학원비는 걱정하지 말고, 학원부터 알아보자." "싫어요. 나는 학원에 안 갈 거예요. 혼자서도 할 수 있어요." "그래? 그럼 다 아는 내용인데 실수로 틀리는 거야? 혼자 풀기 어려운 문제는 없었니?" "물론 있죠. 하지만 그냥 혼자 할래요."

그러나 이미 생각이 한쪽으로 기울어 버린 나는 아이가 그저 엄마를 생각해서 학원에 안 가려는 걸로 믿고 재촉하기 시작했다. "돈 걱정은 말라니까. 엄마는 네가 필요로 하는 걸 해 주는 게 더 중요하고 행복해." 그러나 경건이는 기어이 학원에 보내고야 말겠다는 태세로 덤벼드는 나를 설득하기 시작했다. "엄마, 꼭 돈 때문에 그러는 게 아니에요. 물론 내가 모르는 것도 있어요. 하지만 90% 이상은 확실히 알아요. 그런데 모르는 10% 때문에 그 큰돈을 내고 학원을 가야 해요?" "10%든 5%든 필요하면 가라니까." 아이는 길게 한숨을 내쉬었다. "엄마, 내 생각에 학원에는 세 부류의 아이들이 있을 거예요. 첫째, 책에 문제 풀이가 다 있는데 그것조차 이해가 되지 않는 아이들. 둘째, 문제 풀이를 읽기도 귀찮아서 들으러 온 아이들. 그리고 세 번째는 엄마한테 등 떠밀려 온 아이들일 거예요. 근데 나도 엄마 때문에 거기 가서 앉아 있어야겠어요? 10%를 배우겠다고 학원에 나가면, 이미 아는 90%까지 듣느라 시간을 더 낭비하게 될 걸요? 내가 문제풀이를 봐도 알 수 없는 문제라면, 학원에 가도 달라질 게 없을 거예요." 그 말에 비로소 정신이 들었다.

내 생각에는 경건이가 말한 아이들 외에 한 부류가 더 있을 것 같다. 학원에 다니는 친구들을 보며 자기도 학원에 가 있어야 안심이 되는 아이들. 아이들이 그토록 두려운 이유는 남과 경쟁해야 하는 데 있다. 그러나 우리 아이들은 인생에서 가장 불안했을 그 시기에도 남과 비교하며 동요하지 않았고, 다른 것에 의지하기보다 자신을 믿었다. 자기 자신과 싸우며 스스로 문제를 해결하는 자율적인 습관 덕분이었다. '너 자신을 이겨라'는 원리는 결국 '너 자신을 믿어라'로 귀결되었다.

결과가 나쁘면
시도조차 창피한 거예요?

사랑이의 무모한 도전

사랑이는 밝고 건강한 아이다. 사회성도 뛰어나고 리더십도 강했다. 하지만 우리 집 모든 아이가 그렇듯 정든 친구들을 떠나 전학을 갈 때에는 항상 많이 힘들어 했다. 사랑이가 중학교 때 전학을 하게 되었다. 아무래도 사춘기에 접어든 시기이다 보니 전학 간 학교에도 이미 끼리끼리의 그룹이 형성되어 있었다. 또 이전에는 네 아이 모두 같은 학교를 다녔었는데, 경건이는 고등학교에, 두 동생은 초등학교에 있어 사랑이는 홀로 새 학교에 적응해야 했다.

중학교에 처음 다녀온 날, 아이는 울먹이며 말했다. "오늘 체육관을 찾아가는데 한참을 헤매다 수업에 늦어버렸어요. 너무 창피했어요." "전학 수속하러 학교에 갔을 때, 교실과 체육관을 미리 확인해 두지 않았니?"

"확인했어요. 그런데 그 체육관에는 다른 반 아이들이 있었어요. 알고 보니 이 학교에는 체육관이 두 개더라고요." 아직 반 아이들의 얼굴을 다 익히지 못한 아이는 그 반이 자기 반이 아니라는 것을 알아채는 데도 한참이 걸렸던 모양이다. 뒤늦게 알고 나왔을 때는 이미 복도에 오가는 사람이 없어 혼자 헤매다 늦어 버렸던 것이다.

전학한 지 얼마 되지 않아 학교에서 여자 대표 배구 선수를 선발하는 테스트가 있었다. 그날 나는 사랑이의 전학 서류를 보충할 일이 있어 학교에 갔다가 그 광경을 지켜보게 되었다. 아이들은 삼삼오오 짝을 지어 연습을 하고 있었다. 그런데 사랑이는 함께 공을 주고받을 짝이 없어서 한참동안을 두리번거리며 서있었다. 어른 같은 체격의 백인 아이들 속에서 홀로 서있는 빼빼한 동양 여자아이는 내 마음을 아프게 했다.

그러던 사랑이가 전학한 지 두 달 만에 학생회 선거에 출마하겠다고 선언했다. "엄마, 나 학생회 총무에 출마할래요!" "선거에 나간다고?" 이제 겨우 몇 명의 친구들을 사귀고 적응해 가는 마당에 무슨 학생회 선거를 나간다는 건지. 용감하다 못해 무모했다. 누가 이 무명의 동양인에게 표를 준단 말인가? 잠깐 만나 경쟁하는 수영 대회라면 상관없다. 하지만 매일 가는 학교에서 웃음거리가 되는 것은 매우 다른 일이다.

순진한 아이가 상처를 받지는 않을까 해서 나는 사랑이를 설득했다. "사랑아, 너라도 네가 아는 친구에게 표를 주지 않겠어? 이제까지 사귄 애들이 몇 명 되지도 않는데, 당선되는 건 너무 어렵지 않겠니?" "나도 알아요. 그래서 학생회장이 아니라 총무에 출마하려는 거예요." 아이의 신난 목소리에 더 기가 막혔다. 아니, 회장이나 총무나 표를 많이 받아야 뽑히는 건 마찬가진데 무슨 차이가 있다는 건지. 내가 보기에 승산이 없기는 똑같았다.

"그래, 하지만 중학교에서는 학생회 임원이 되는 것 자체가 쉬운 일이 아니야. 무모하게 출마했다가 표가 너무 적게 나오면 창피하지 않겠어? 올해는 친구들 많이 사귀고 내년에 다시 출마하면 어떨까?" 그러자 사랑이가 의아한 표정으로 말했다. "엄마, 선거에 나가서 떨어지는 게 창피한 건가요? 나는 창피한 일이라고 생각하지 않는데…… 결과가 나쁘면 시도해 보는 것도 창피한 거예요?"

움찔했다. 아이는 엄마의 고질적인 병폐를 지적한 것이다. 남의 시선을 지나치게 의식하는 나약함. 아이들에게는 끊임없이 너 자신을 이기라고 주문했지만 나는 여전히 새로운 도전을 두려워하며 피하고 있었다. 나는 오랜 세월 다른 사람들의 눈을 의식하며 살았다. 비웃음을 살 만한 일은 일찌감치 포기했다. 덕분에 망신당한 일도 별로 없다. 하지만 시도조차 해 보지 못하고 접어 버린 꿈 때문에 얼마나 많은 후회를 안고 살았던가? 나는 많은 꿈을 입밖으로 내보지도 못하고 삼켜 왔다. 그런데도 그 몹쓸 고질병을 무의식중에 아이에게 전염시키려 하고 있었던 것이다. 엄마로서 나는 사랑이의 용기에 박수를 보내야 했다. 긍정적으로 생각하고 적극적으로 시도해 보라고 응원해 주는 것이 맞다. 이제부터라도 말이다.

"아니, 창피한 일은 아니지. 실패를 두려워하지 않고 하고 싶은 일에 도전을 한다는 건 매우 용기 있는 일이야. 떨어져도 괜찮다면 출마해 봐."

진정한 승자는 과정을 즐기는 자

학생회 임원 선거는 실제 선거와 똑같았다. 등록을 마친 후보들은 선거 1주일 전부터 선거 운동을 시작했다. 지지를 호소하는 포스터를 붙이고 스티커를 배포하며 전교생 앞에서 연설도 했다. 투표권은 재학생 모두에게 있었지만, 일정 기간 내에 유권자 등록을 하지 않으면 선거에 참여할 수가 없다. 이런 과정들을 통해 아이들은 정치 참여를 사전에 실습하게 된다.

선거 규정도 제법 깐깐했다. 포스터를 비롯한 모든 선거 물품은 컴퓨터를 이용하지 않고 손으로 직접 만들어야 했다. 또 가족들의 도움을 받을 수는 있지만, 선거 준비에 50불 이상을 사용해서는 안 되었다. 물량 공세나 과열 경쟁을 막기 위해서였다.

사랑이는 가족들이 하나하나 손으로 그려 준 스티커를 들고 선거 유세에 나섰다. 그러나 역시 벽은 높았다. 한번은 사랑이가 화장실 안에 있는데 한 무리의 아이들이 들어와 왁자지껄하게 떠들어 대더란다. "세라? 세라가 도대체 누구야? 어디서 굴러들어 온 개뼈다귀지?" 아이들은 까르르 웃었다. 밖으로 나온 사랑이는 그 아이들에게 다가가 상냥하게 인사를 건넸다. "안녕? 내가 세라야. 만나서 반갑다." 이렇게 적극적이고 밝은 사랑이에게 아이들은 점차 호감을 갖기 시작했다. 또 그동안에 사귄 사랑이의 친구들은 자진해서 사랑이를 알리고 지지를 호소했다. 그런 친구들을 보며 사랑이는 감동했고 또 행복해했다. 그렇게 선거의 열기는 무르익어 갔고 결전의 그날이 왔다.

남편은 직장에 있던 내게 전화해 미리 결과를 귀띔해 줬다. "사랑이 떨어졌어." 이미 예상했던 바다. 문제는 얼마나 처참하게 떨어졌냐는 것이다. "몇 표나 받았대요?" "100표가 넘었대. 후보 네 명 중에 두 번째로 많은 표가 나왔다는데?" "그럼 표 차이는요?" "열두 표!" 놀라운 결과였다. 선생님들조차 이제 갓 전학 온 사랑이의 선전에 깜짝 놀랐다고 한다. 아이가 그렇게 처참하게 깨진 것은 아니어서 다행이었다.

그러나 걱정이 사라진 그 자리에 또 다른 걱정이 들어섰다. 겨우 열두 표 차이로 떨어져서 혹시 아이가 더 안타깝고 아쉬워하는 것은 아닐까? 나는 우울해 있을지도 모를 사랑이를 생각해 한껏 더 밝은 표정으로 집에 들어섰다. "사랑아, 100표가 넘었다며? 이야~! 정말 대단하다 우리 딸!" 사랑이는 상기된 얼굴로 말했다. "나도 알아요! 엄마, 정말 대단하지 않아요? 글쎄 100명이 넘는 애들이 나를 찍었다니까요!"

내가 일부러 밝은 척을 한 것에 비해, 아이는 정말 기뻐하고 있었다. 결과와는 상관없이 자기를 선택해 준 100여 명의 친구들을 생각하며 스스로를 자랑스러워했다. 진정한 승자였다.

선거에는 떨어졌지만, 이 일로 인해 무명의 전학생의 인지도는 급격히 올라갔다. 그리고 몇 달 후, 사랑이는 동급생이 뽑은 "제미나이(Gemini, 사랑이 학교 이름)에서 가장 영향력 있는 10인의 학생"으로 선정되었다.

꿈은 도전하는 자만이 이룰 수 있다

다음 해, 8학년이 된 사랑이에게는 큰 변화가 생겼다. 7학년이 되어야 할 화평이가 한 학년을 건너뛰는 바람에 동생과 같은 교실에서 공부를 하게 된 것이다. 사랑이는 심지가 강한 아이였지만 엄마로서 전혀 걱정이 안 될 수는 없는 노릇이었다.

그러나 사랑이는 그에 대해 걱정하기는커녕 긍정적인 면을 생각하고 있었다. "흠, 나는 이미 8학년들에게 인지도가 있고, 화평이는 7학년들을 잘 알고 있으니…… 이번에는 총학생회장에 출마를 해 봐?"

정말 못 말리는 딸이다. 7학년 총무도 낙선한 아이가 전교 총학생회장이라니! 조금 단계를 낮춰서 당선 가능한 직책에 나갔으면 하는 마음이 들었다. 그러나 더 이상 아이의 긍정적인 사고에 제동을 걸지는 않았다. 결과와 상관없이 즐기는 아이를 이제는 말릴 이유가 없었다. 사랑이의 선거 구호는 '세라를 총학생회장으로!'(Sarah for President!)였다. 내가 보기에 투지와 열정이 넘치는 경쟁적인 아이들 틈에서 그 문구는 너무 약해 보였다. 그래서 넌지시 조언을 했다. "사랑아, 그 말은 너무 약해 보이지 않니? 그것보다는 '적임자를 선택하세요!'(Choose the Right Person!) 이런 게 더 강하게 와 닿지 않을까?" 아이가 대답했다. "엄마, 난 그런 거 싫어요. 내가 진짜 적임자인지 아닌지 내가 어떻게 알아요? 그런 건 애들이 알아서 결정할 테고, 난 내가 하고 싶은 말만 하면 되요."

나는 이왕 출마할 바에야 이겨 보자는 생각이 스멀스멀 올라왔지만, 아이는 또다시 결정적인 한 방으로 엄마의 조바심을 눌러 버렸다.

선거 전날, 전교생 앞에서 후보자들의 합동 연설이 열렸다. 간부 후보들이 연설하는 동안 비교적 조용하던 강당은 마지막으로 총학생회장 후보들이 연설을 시작하자 열기를 띠기 시작했다. 그날의 하이라이트는 사랑이의 연설이었다. 현장에 있었던 화평이의 증언에 의하면, 가장 많은 호응과 박수를 받은 후보는 사랑이였다고 한다. 사랑이의 연설이 끝나자 학생들이 발을 구르고 손뼉을 치며 "세라를 총학생회장으로!"(Sarah for President!)라고 외치는 바람에 선생님들이 제지에 나섰다고 한다.

사랑이의 연설은 이렇게 끝을 맺고 있었다. "나는 내가 완벽하지 않다는 것을 압니다. 하지만 여러분이 나를 뽑아 준다면, 최선을 다해 맡은 일을 감당할 것을 약속합니다."

사랑이의 최대 강점은 순수한 출마 동기였다고 생각된다. 다른 후보들의 현란한 자기PR과 공약들 속에서 사랑이는 있는 그대로의 자신을 보여 주었다. 과정을 즐기고 있기 때문에 그다지 떨리지도 않았던 것 같다. 오히려 긴장하는 다른 후보들에게 "얘들아, 긴장할 필요 없어. 이건 그저 좋은 경험일 뿐이야. 이 순간을 즐기자."라며 격려했고, 연설 도중 실수를 해도 당황하지 않고 평소처럼 머리를 흔들거나 혀를 내두르며 아이들의 웃음을 자아내는 여유까지 보였다고 한다.

하지만 연설에서 호응이 좋았다고 해서 반드시 득표로 이어지는 것은 아니기에 나는 사랑이에게 조심스레 얘기했다. "사랑아, 오늘 이렇게 친구들의 호응을 많이 받았으니, 혹시 떨어지게 되어도 좋은 추억이 되겠지?" 사랑이는 진지한 목소리로 대답했다. "그럼요, 엄마! 정말 좋은 추억이 될 거에요. 난 떨어지더라도 전혀 개의치 않아요. 오히려 친구들이 나를 걱정할까 봐 그게 더 걱정인 걸요. 작년에도 난 정말 괜찮았는데, 애들이 자꾸 위로하려고 해서 더 불편했어요."

다음날이 되었다. 각 간부급 당선자 발표에 이어 마지막으로 총학생회장의 당선자가 발표되었다. "그리고…… 세라를 총학생회장으로!"(And……

학교의 마스코트인 야생마를 그린 사랑이의 총학생회장 선거 포스터.
과정을 즐길 수 있다면 결과가 어떻든 행복할 수 있다는 것을
나는 사랑이를 통해 배웠다.

Sarah for President!)" 압도적인 승리였다. 결과에 연연하기보다 과정을 즐기던 이 동양인 여자아이가 마침내 일을 내고 만 것이다.

결과는 과정에 따르는 자연스러운 부산물이다. 하지만 우리 대부분은 좋은 결과에 대해서만 말하고 칭찬한다. 나 역시 뻔히 보이는 결과가 있어야만 적극적으로 움직이고, 확신할 수 없는 경우에 대해서는 지극히 소극적이었다. 하지만 결과는 뚜껑을 열어 봐야 아는 것이다. 그전에는 아무도 알 수 없다. 한 가지 확실한 것은, 지레 포기한 사람의 결과는 100% 실패라는 사실이다. 일단 해 보자. 해 보게 하자. 미련과 후회를 남기기보다 도전하는 용기와 결단에, 그리고 최선을 다하는 과정에 아낌없는 박수를 보내자.

스스로 결정하고
그 결정에 책임져라

책임감은 스스로 결정하는 과정을 통해 길러진다

경건이가 일리노이 수학과학고등학교에 합격했다. 영재학교인 IMSA
에 들어가려면 학교 성적 뿐 아니라 SAT, 에세이, 교사 추천서, 예능, 스
포츠, 리더십, 자원봉사 등 다방면에서 뛰어나야 한다. "만약 여러분의 아
이가 사람들에게 영재나 천재라고 불리기를 즐긴다거나, 공부를 잘한다
고 우쭐대기를 좋아한다면 IMSA에 보내지 말아 주세요. 자율성도 없이
부모가 시키는 것만 하는 아이도 보내지 말아 주세요. IMSA는 미래를 이
끌어 나갈 지도자를 키우는 학교입니다. 리더로서의 자격이 없다고 판단
되면 학교에서 바로 퇴출됩니다."

실제로 한 해 입학생이 200여 명이지만 졸업생은 180명 정도였다. 경
건이의 룸메이트였던 한인 학생도 담배를 피우다가 퇴출됐다. 학칙 위반

은 무조건 퇴학이다. 리더는 누구보다 먼저 규칙을 준수해야 하기 때문이다. 이런저런 사유로 적지 않은 학생들이 퇴출되다 보니 IMSA가 이상한 학교라고 생각하는 사람들도 있다.

어쩌면 IMSA는 정말 이상한 학교인지도 모른다. 엄격한 규율을 적용하면서도 학생들을 일일이 통제하지 않는 것은, 내가 봐도 걱정스러울 정도다. 대표적인 예가 학생들이 자거나 일어나는 것을 통제하지 않는다는 것이다. 다른 기숙학교들은 정해진 시간에 소등도 하고 기상벨도 울리지만, IMSA는 새벽까지 아이들이 자지 않고 게임을 해도 전혀 개의치 않는다. 당연히 아침이 되어도 기상벨이 울리지 않고, 일어나지 않는 아이들을 깨우지도 않는다. 그러나 수업에 지각을 하거나 결석을 하면 무서운 책임이 뒤따른다. 수업에 세 번 빠지면 그 과목은 F학점, 다섯 번 지각해도 F학점을 받게 된다.

아직 어린아이들인데 차라리 깨워 주는 것이 낫지 않겠냐고 물었더니 교사가 그 이유를 설명했다. "리더는 스스로를 통제할 수 있어야 합니다. 스스로를 통제할 수 없는 사람은 리더가 될 수도 없고, 되어서도 안 됩니다." 하지만 아이들이 혼자 일어나지 못하는데 어떻게 하느냐는 질문이 나오자 그는 말했다. "만약 그 아이가 리더가 될 만한 정신력을 갖췄다면, 곧 적응하게 될 것입니다."

IMSA의 수업 방식은 더 확고하다. 외국어 수업은 처음 두 시간 정도만 영어로 설명해 주고, 그 다음부터는 아예 해당 외국어로 수업을 진행한다. 수학 과목은 더 무섭다. 문제를 푸는 방식이나 공식 같은 것은 아예 가르쳐 주지 않는다. 선생님이 10분 정도 간단히 설명한 다음, 혼자서 혹은 팀을 이루어 푸는 방법을 연구해야 한다. 수학 교사는 이런 수업 방식을 설명하면서 이렇게 끝을 맺었다. "학생들이 졸업을 할 때면 내게 와서 이렇게 말합니다. '우리는 선생님에게 배운 게 없어요!' 이것이 제가 학생들을 가르치는 방식입니다."

다른 과목도 마찬가지다. '남북전쟁이 일어난 원인에 대해 조사하라. 단, 노예제도나 경제적, 정치적 대립 같이 뻔히 알려진 원인은 제외하고!' 어쩌란 말인가? 숨은 원인을 찾기 위해 그 시대는 물론이고 그 이전 시대까지 사회, 문화, 역사, 시대적 생활상 등 모든 방면에서 샅샅이 조사하라는 말이다. IMSA는 이런 학교다. 하지만 최고 수준의 교사진과 최신 시설의 기숙사를 갖추고도 학비와 기숙사비는 모두 무료다. 일리노이 주 정부가 미국의 미래를 짊어질 인재를 양성한다는 목표로 모든 비용을 세금으로 지원하고 있는 것이다.

IMSA의 합격 통지서를 받던 날, 나는 비명 같은 환호성을 질렀고 경건이는 그런 나를 보며 파안대소했다. 우리 집은 완전히 축제 분위기였다. 그러나 합격의 기쁨도 잠시, 아이는 심각한 고민에 빠졌다. 경건이는 늦게 자고 늦게 일어나는 올빼미 형이다. 아침에는 절대 혼자 일어나지 못했고, 여러 번 흔들어 깨워야 간신히 일어나곤 했다. 게다가 자신이 IMSA의 수업 방식에 잘 따라갈 수 있을지도 고민스러웠다. 경건이는 당시 집 근처의 일반 고등학교에 다니고 있었다. 미국의 일반 고등학교는 4년 과정인데 IMSA는 3년 과정인지라, 일반 고등학교 2년차에 입학을 하게 되는 것이다. 아이는 선택을 해야 했다. 일반 학교에서 지금처럼 1등을 유지해 갈 것인가, 아니면 IMSA에 들어가 새로운 도전을 할 것인가?

합격 통지서를 받고 일주일 내에 답신을 보내야 했다. 선택은 경건이의 몫이었다. 하루하루 시간이 갈수록 경건이의 고민은 깊어져 갔다. 마침내 더 이상 결정을 미룰 수가 없게 되자 아이는 내게 말했다. "엄마, 엄마가 결정해 주세요. 내가 선택하기가 너무 힘들어요. 그냥 엄마가 결정해 주는 대로 할게요."

나는 아이가 IMSA에 가기를 간절히 바랐다. 경건이가 다니던 학교는 학군 내에서도 가장 수준이 낮은 학교였다. 아이가 최선을 다하지 않고도 1등을 할 수 있었다. 나는 경건이에게 더 큰 도전이 필요하다고 생각했다. 그래서 행여 아이가 IMSA에 안 간다고 할까 봐 불안했다. 하지만 결코 내가 결정할 사안은 아니었다. 쉽지 않은 학교이기에 더더욱 스스로의 결단과 각오가 필요했다.

나는 결정을 해 주는 대신 영재 학교인 IMSA에 갔을 때의 장단점, 그리고 지금의 학교를 계속 다닐 때의 장단점에 대해 꼼꼼히 분석해서 설명한 후 말했다. "이것은 네 인생이니까 힘들어도 너 스스로 결정해야 해. 인생은 선택의 연속이야. 아침에 알람이 울리면 '5분 더 잘까, 그냥 일어날까' 하는 소소한 선택에서부터 '어떤 학교를 갈 것인가', '어떤 직업을 가질 것인가', '누구랑 결혼할 것인가' 등, 매 순간 선택의 갈림길에 놓이게 되지. 그리고 그 선택들이 모여 결국 너의 인생이 결정되는 거야. 그런데 어떤 것을 선택하든 불만도 생기고 어려움을 겪기도 해. 때로는 매우 힘들 테고, 또 후회스럽기도 할 거야. 그런데 만약 엄마가 결정해 줘서 그 길을 가다가 힘든 일을 만나면 어떻게 되겠니? 엄마 때문에 고생한다는 원망이 들지 않겠어? 그런 원망이나 불평은 상황을 더 어렵게 만들 뿐이야. 그러니까 네가 결정해야 해. 결국 네가 걸어가야 할 길이니까. 그리고 문제를 만나거나 어려움이 닥쳐도 스스로 책임지고 당당하게 헤쳐 나가야 돼. 만약 그럴 자신이 없다면 IMSA에 안 가도 괜찮아."

아이는 내 말을 듣고 한참 동안 생각에 잠겼다. 그 시간이 무척 길게 느껴졌다. 나는 속으로 아우성을 치고 있었다. '경건아, 꼭 IMSA에 가야 해!' 하지만 그런 마음을 억누르고 가만히 기다렸다. 마침내 경건이가 입을 열었다. "IMSA로 갈래요." 아이는 입학 허가를 수락한다는 카드에 사인을 했다.

물론 아이의 중대사를 전적으로 아이에게만 맡긴다는 것은, 부모 입장에서 결코 쉬운 일이 아니다. 또 경건이가 그랬듯 아이 자신이 선택을 힘들어할 수도 있다. 그러나 부모란 자녀의 '인생 결정권자'가 아니라 '정보 제공자'가 되어야 한다고 나는 믿는다. 아이들이 세상을 모르기 때문에 부모가 다 결정해 주는 것이 아니라, 세상을 알 수 있도록 가르쳐 주고 올바른 판단을 할 수 있도록 정보를 제공해 주어야 하는 것이다. 훗날 나는 이 문제에 대해 경건이에게 물었다. "너 스스로 판단하고 결정하도록 하는 게 많이 힘들었니?" 경건이는 말했다. "힘든 것은 사실이에요. 하지만 힘들어도 그게 더 좋아요. 내가 어른으로 대우받는다는 느낌이 들거든요. 또 내가 결정했으니까, 진짜 내 인생이니까 더 열심히 해야겠다는 생각이 들었어요."

아이들은 어른으로 대접해 줄 때 더 의젓하게 행동한다. 어른이 되고 싶은 사춘기 아이에게 이 방식은 여러모로 큰 도움이 되었다.

혼자 일어나기 시작한 아이

경건이가 스스로 IMSA에 가기로 결정했다. 다행스러운 일이었다. 그러나 나는 그때부터 며칠간 끙끙 앓다시피 했다. 엄마 심정에 자식은 늘 어린아이와 같다. 특히나 첫 아이의 모든 과정은 엄마에게도 처음 겪는 일들이라 염려와 두려움이 더 클 수밖에 없다. 아이가 과연 그곳에서 잘 적응할 수 있을까? 하루에 한 번은 한국 음식을 먹었는데, 미국 음식만 계속 먹어도 괜찮을까? 처음으로 아이를 떼어놓자니 며칠 동안은 잠도 제대로 이룰 수가 없었다.

경건이가 IMSA 기숙사에 입소하던 날, 아이를 데려다 준 남편은 혼자 기숙사로 들어가는 아이의 뒷모습을 보며 눈물이 고이더라고 했다. 회사에 출근하느라 내가 함께 가지 못한 것은 차라리 다행이었다. 나는 그 말을 듣는 것만으로도 눈물이 났다.

학기 첫 날, 경건이는 늦잠을 자서 수업 시간에 40분이나 지각을 했다. 기숙사 방마다 직통전화가 놓여 있는 것을 보고 나는 물었다. "모닝콜 해 줄까?" 아이는 당당하게 말했다. "기숙사에 들어가서도 엄마가 깨워 줘야 한다면 IMSA에 가는 의미가 없을 것 같은데요? 그냥 소리가 요란한 알람시계나 사주세요." 그리고 알람을 잘 맞춰 놓고 잘 테니 걱정 말라며 나를 안심시켰다. 하지만 알람이 요란하게 울리자, 끄고 다시 잠들어 버린 것이다. "엄마, 그래도 나는 나은 편이에요. 내 룸메이트는 내가 나갈 때까지도 자고 있었어요." "깨워 주지 그랬니?" "늦었다고 소리를 지르고 흔들어도 계속 자는 걸 어떡해요? 나도 40분이나 늦었는데 계속 깨우고 있을 수는 없잖아요." 아이는 호되게 놀랐는지 결국 내게 부탁을 했다.

"엄마, 7시에 내가 일어났는지 확인 전화 좀 해 주세요." 하지만 일주일이 지나자 아이는 다시 말했다. "엄마, 이제 아침마다 전화 안 해도 되요. 이제는 혼자 일어날 수 있어요."

IMSA는 우리 집에서 차로 한 시간 반 정도의 거리에 있었다. 우리는 매주 금요일 오후에 아이를 집으로 데려왔다가 일요일 밤에 다시 데려다주었다. 그렇게 두 주가 지났을 즈음, 경건이가 집으로 가픈 숨을 몰아쉬며 전화를 걸어왔다. "엄마, 기숙사에만 오면 숨을 쉬기가 힘들어요. 처음에는 내가 무슨 병에 걸렸나 했는데, 집에 가면 괜찮아지는 걸 보니 병은 아닌 것 같아요. 근데 왜 이렇게 숨쉬기가 힘든지 모르겠어요." 가슴이 덜컥 내려앉았다. 아이의 학교생활이 너무 빡빡한 건 아닐까? 아이가 늘 긴장한 상태로 살고 있는 건 아닐까? 괜한 곳에 아이를 보낸 걸까? 오만가지 생각이 다 들었다.

IMSA는 당장의 성과를 목표로 하지 않는다. 눈앞의 1등이 아닌 그보다 먼 미래를 내다본다. 그래서 선생님이 문제 해결 방법이나 공식을 가르쳐 주기보다 학생 스스로 해결점을 찾도록 한다. 이런 방식으로 운영되다 보니 IMSA는 그 명성에도 불구하고 학생들의 SAT 평균 점수가 미국 전체에서 3, 4위 정도밖에 머물지 못한다. 단순히 해답을 찾는 데만 몰두하지 않기 때문이다.

그래서 교사들은 학부모 오리엔테이션에서 아이가 IMSA에 들어와 첫 6개월 동안 반쪽이 되더라도 놀라지 말라고 미리 경고했었다.

그만큼 힘든 과정이라는 것을 알기 때문에 나는 숨쉬기가 어렵다는 아이의 말에 바짝 긴장이 됐다. 그리고 원인을 찾기 위해 이것저것 묻기 시

IMSA 졸업식 때의 경건이.
아이들의 잠재력을 믿고 스스로 그것들을 일깨우게 하는 IMSA의 교육 방식은
자녀를 키우는 데 있어 잔소리보다 무섭고 효과적인 방법이 있다는 사실을 가르쳐 주었다.

작했다. "기숙사에서만 그러니, 아니면 교실에서도 그런 거니?" "교실에서는 괜찮았어요." "밖에 있을 때도 그랬니?" "밖에 나가면 괜찮아요." "그럼, 기숙사 안에서만 그런 거네?" "네." 9월 초, 늦더위가 기승을 부리는 날씨였다. "방에서는 계속 에어컨을 틀고 있니?" "네." "그럼, 환기는 가끔씩 하고 있어?" "아, 창문!" 아이는 방안에 창문이 있다는 걸 처음 발견한 것처럼 나직하게 외쳤다. "창문을 열어 주지 않았구나?" "네." "에어컨을 계속 틀 때는 가끔씩 창문을 열고 환기를 시켜 줘야 돼." "아, 그건 알고 있는데……. 근데 집에서는 한 번도 창문을 열지 않았어도 괜찮았거든요? 여기서는 왜 그런 거지……?" "그거야, 엄마가 항상 환기를 시켜 놨으니까 그렇지. 설마 사람한테 신선한 공기가 꼭 필요하다는 걸 모르는 건 아니겠지?" 짓궂은 질문에 아이는 민망한 듯 머쓱하게 웃으며 말했다. "아, 내가 이렇게 멍청한 줄은 몰랐네."

신선한 공기가 중요하다는 것을 모를 만큼 어리석은 아이가 아니었다. 단지 생활 속에서 필요한 대부분의 것을 엄마가 모두 챙겨 주다 보니, 스스로 해 본 적이 없었을 뿐이다. 부모로서의 사랑이자 당연한 돌봄이라고 생각했지만, 아이들이 조금 불편하더라도 직접 창문도 열게 하고 환기도 시키도록 했다면 더 좋았을 것이다. 과유불급(過猶不及)이라 했던가? 지나침은 부족함만 못하다. 부모의 배려나 돌봄도 역시 마찬가지다.

그 애들은 돈 많은 부모를 가졌다는 것 외에는
나를 이길 수 있는 게 하나도 없어요

기회는 준비된 자에게 주어진다

그것은 '기적'이었다. 기적이라는 말이 얼마나 비현실적인지는 나도 잘 알고 있다. 그러나 '하나님의 도우심'이라는 것을 믿지 않는 사람들에게는 '기적'이라는 말 외에 어떤 말로 이 사건을 설명해야 할지 모르겠다.

영세민의 수준에도 미치지 못하는 가난한 집 아이가 학생들이 리무진을 타고 등교한다는 학교에 들어갔다. 홍정욱 씨가 쓴 《7막 7장》이라는 책에 보면 이 학교가 나온다. 턱시도를 입은 하인들만 20여 명씩 거느리는 집에서 왕자처럼 사는 아이들이 다닌다는 귀족학교. 케네디 대통령의 모교이자 연간 학비만 5천만 원이 넘는 학교. 그렇지만 제아무리 돈이 많아도 4대 1의 경쟁을 넘어야 할 만큼 실력까지 갖추어야 하는 명문 사립학교 초우트 로즈메리 홀(Choate Rosemary Hall)이다.

초우트는 우리 같은 가난뱅이가 감히 넘볼 수 없는 학교였다. 언감생심 꿈도 꿀 수 없는 다른 세상이었다. 그런데 어느 날 갑자기 초우트에서 초대장이 날아왔다. 우리 학교에 전액 장학생 제도가 있는데 지원해 보라는 초대장이었다. 더 놀라운 것은, 이 모든 일이 단돈 30불이 없어서 벌어진 일이라는 것이다!

화평이는 경건이가 다니던 IMSA에 가는 것이 꿈이었다. 화평이가 초등학교 3학년 때, 우리는 아이들을 데리고 IMSA에 견학을 갔었다. IMSA에는 수많은 실험실과 컴퓨터실이 있었다. 화학 실험실, 해부실, 지구과학실, 식물원, 그리고 우리가 알지 못하는 수많은 실험실……. 그 중에서도 태어나 처음 보는 현미경이 책상마다 놓여져 있는 생물 실험실은 화평이가 금방 자리를 뜰 수 없을 만큼 깊이 빠져든 곳이었다.

크리스마스 선물로 장난감 현미경을 받고도 뛸 듯이 좋아하던 아이는 떠밀리듯 그 방을 나오며 말했다. "나는 꼭 이 학교에 올 거예요." 그러나 그때의 화평이는 승리에게도 밀리던 아이였다. 당시에는 화평이의 그 꿈이 이루어지기란 무척이나 어렵게 느껴져 괜히 아이에게 상처가 되지는 않을까 염려가 되기도 했었다.

그러던 화평이가 7학년을 건너뛰고 8학년이 되었을 때, 매달 집에서 치르던 SAT 모의고사 점수가 제법 높게 나왔다. 학교 성적도 전 과목 A였다. 하지만 당시 우리 아이들이 다니던 학교는 그다지 실력이 좋은 학교가 아니었기 때문에 좀 더 객관적으로는 아이들의 수준을 확인해 보고 싶었다. 실제 SAT 시험에서도 아이가 그만한 점수를 얻는다면, IMSA에 가고자 하는 아이의 꿈도 가능성이 있을 터였다.

그런데 당시 우리 형편은 SAT 테스트를 치를 30불도 꽤나 부담스러운 처지였다. 그 돈을 지불하고 나면 월급날까지 생활이 너무 빠듯했다. 그러던 차에 남편이 인터넷 검색을 하다가 눈이 번쩍 뜨일 광고를 발견했다. "어? SAT를 무료로 보게 해 준다네?" 노스웨스턴 대학의 미드웨스트 아카데믹 탤런트 서치(Midwest Academic Talent Search)라는 사이트였다. 무료이기는 하지만 조건이 있었다. 시험 결과와 해당 학생에 대한 정보를 공유해야 했다. 그러면 그렇지. 세상에 공짜가 어디 있나? 하지만 SAT 시험을 볼 수 있는 다른 방법도 없었다. 결국 화평이에 대한 모든 정보를 건네고 시험을 치렀다. 그리고 그 나이로서는 꽤 높은 점수를 받았다.

누가 어떻게 사용할지도 모르고 30불 때문에 화평이의 정보들을 제공했다. 인터넷의 위력은 과연 대단했다. 시카고에서 비행기로 두 시간 거리에 있는 초우트에서 그 정보를 접하고 화평이에게 초대장을 보낸 것이었다. 물론 초대장은 합격증이 아니다. 초우트에 전액 장학생 제도가 있으니 관심이 있다면 너에 관한 다른 자료들을 보내 달라. 즉 초우트 전액 장학생에 지원하라는 것이었다.

아이의 지원서는 화려했다. 높은 SAT 점수와 전 과목 A학점의 내신 성적, 주(州) 대회를 포함한 각종 수영 대회의 상위권 입상 기록, 교내 오케스트라 수석 첼리스트, 교내 클래식 밴드 및 재즈 밴드의 트롬본 연주자, 시립 도서관 주최 책갈피 디자인 공모 대회 1등. 수학 경시대회 공동 1위. 그리고 자원봉사. 이것들이 화평이가 태어나 이룬 지난 14년 간의 경력이다. 그것도 수영을 제외한 나머지는 전부 학교 수업과 독학으로 이루어 낸 값진 결과들이다.

화평이의 지원서를 본 초우트의 담당자는 아이를 직접 만나 인터뷰를 하기 위해 시카고까지 날아왔다. 시카고 다운타운의 호텔에서 이루어진 인터뷰. 담당자는 그 모든 경력이 부모의 주도 하에 이루어진 것인지, 아이 스스로 해 낸 것인지를 파악하려고 여러 가지 질문을 던졌다.

초우트의 합격 통지서에는 이렇게 적혀 있었다. "너의 모든 노력이 보상을 받았다. 너는 선택된 후보들 가운데서도 합격할 만한 성품과 능력과 정신을 가지고 있다." 그런 공식적인 설명만으로는 부족했던지 합격증 아래 여백에는 손으로 쓴 글씨가 추가로 기재되어 있었다. "와우, 데이빗! 우리는 정말 감동받았다!"

화평이의 장학금에는 학비, 기숙사비는 물론 책 값이나 학용품 등 공부하는 데 드는 모든 부대 비용과 집을 오갈 때마다 제공되는 왕복 비행기 티켓, 건강 보험, 심지어 용돈까지 포함되어 있었다. 물론 우리는 초우트에 이런 엄청난 장학제도가 있다는 것을 전혀 알지 못했다. 아마 30불을 자유롭게 쓸 수 있는 형편이었다면 죽을 때까지 몰랐을 것이다. 합력해서 선을 이루시는 하나님은 우리의 가난을 통해서도 이렇게 놀라운 일을 이루셨다. 그러나 화평이가 그만큼 준비되어 있었다는 것도 중요한 사실이다. 기회는 준비된 자에게만 오는 법이다.

전액 장학생도 마다한 화평이의 초우트 입성기

초우트에서 4년 전액 장학생으로 뽑혔다는 통지서를 받았을 때, 우리는 정말 기뻤다. 그러나 화평이는 그렇지 않은 모양이었다. 화평이는 겨우 열네 살이었지만, 한 학년을 건너뛰는 바람에 이미 고등학교 9학년에 다니고 있었다. 그런데 초우트에서는 전액 장학생의 경우 9학년 신입생만을 뽑기 때문에 다시 9학년으로 입학해야 한다는 것이다. 반면 원래 화평이의 꿈이었던 IMSA에 갈 경우 10학년으로 들어가게 된다. 화평이로서는 굳이 초우트에 9학년으로 들어갈 이유가 없었다.

그러나 IMSA의 합격 여부는 한 달을 더 기다려야 알 수 있었다. IMSA에 합격하리라는 보장도 없었기 때문에 초우트를 무조건 포기할 수도 없는 노릇이었다. 그런데도 화평이는 자신이 IMSA에 꼭 합격할 거라고 믿고 있었다. 난감했다.

초우트의 담당자는 화평이를 설득했다. "9학년으로 다시 온다고 해도 문제는 없어. 초우트에서는 네 수준에 맞는 클래스를 얼마든지 선택할수 있단다." 한 학급의 학생수가 10~12명 정도인 초우트는 정말 다양한 과목과 세분화된 클래스로 구성되어 있었고, 특히 대학 과정을 미리 배울 수 있는 AP 클래스는 미국에서도 가장 많은 과목을 운영하고 있었다. 그대로 9학년으로 가는 것을 아이가 유급으로 느끼는 점에 대해서도 담당자는 자상하게 이해시켜 줬다. "기나긴 인생에서 1년 빨리 졸업하는 것이 특별한 이득은 아닐 거야. 초우트에서 1년 동안 더 다양한 과목을 공부한다면 어쩌면 너에게 훨씬 큰 유익이 될 거야." 그러나 아이는 여전히 시큰둥했고, 계속해서 IMSA만을 고집하고 있었다. 나 역시 IMSA 합격이

보장된다면 초우트에 보내고 싶지 않았다. 무엇보다 다른 학생들과 생활 수준 차이가 너무 심하다는 게 두려웠다. 가난한 아이가 상상조차 못했던 부자들의 세계를 접하고, 우리의 가난을 비관하게 되지는 않을까? 그뿐만이 아니었다. IMSA는 매 주말마다 아이를 집에 데려올 수 있었지만, 초우트는 한 학기 내내 집을 떠나 있어야 했다.

우리가 입학을 두고 이렇게 고민하고 있을 때, 초우트에서 또 다른 초청장이 왔다. 학교를 직접 둘러보고 결정하라며 아이와 부모의 비행기 표와 호텔을 제공하겠다는 것이었다. 그런데도 화평이는 IMSA에 갈 거라며 끝내 관심을 보이지 않았다.

화평이가 싫다면 어쩔 수 없는 일이었다. 그러나 초우트에 대해 좀 더 구체적으로 알아 볼 기회가 있는데도 무조건 포기하는 것은 내키지 않았다. 화평이가 초우트에 합격하기까지의 과정을 생각해 보면 더더욱 그랬다. 과연 이 모든 것이 우연의 일치일까? 혹시 하나님이 화평이의 길을 인도하고 계시는 것은 아닐까? 한 번은 가 보고 결정을 내리는 게 옳다는 생각이 들었다. 하물며 돈이 드는 일도 아니지 않은가. 그렇게 하고서 포기해도 늦지 않았다.

어떻게 아이의 동의를 구할지 고민이었다. 궁리 끝에 아이의 관심을 다른 방향으로 이끌었다. "화평아, 초우트에서 아주 가까운 곳에 예일대학교가 있대. 예일대학교에 가 보고 싶지 않니? 초우트에서 비행기 표랑 호텔도 제공한다는데, 이 기회에 초우트에 들렀다가 예일대학교를 보고 오는 건 어때?" 내 예상은 적중했다. 아이는 예일대학교에 큰 관심을 보이며 순순히 초우트행을 수락했다.

우리가 본 초우트의 특징은 다양성이었다. 재원이 풍부한 학교답게 정말 다양한 활동이 눈에 띄었다. 수업 과목의 다양함 외에도 각종 스포츠와 예능 활동의 다양함은 일반 학교들이 도저히 따라 할 수 없는 수준이었다. 남편은 IMSA와 초우트의 차이를 이렇게 표현했다. "IMSA가 예술성 높은 흑백사진이라면, 초우트는 화려한 컬러사진이다."

초우트는 미국 전역에서 뽑힌 10명의 전액 장학생들을 극진히 대우했다. 화려한 장식이 돋보이는 곳에서 커다란 케이크까지 준비된 저녁 식사는 그야말로 파티 분위기였고, 교내 아카펠라팀, 각종 연주팀 등 다양한 그룹이 실력을 뽐내며 우리를 즐겁게 해 주었다. 1박 2일에 걸쳐 학교의 다양한 면모를 구경하고, 또 학교 담당자 및 교사들과의 좌담회를 통해 우리는 점점 초우트에 빠져들고 있었다. 특히나 "당신 아이가 돈이 없어서 하지 못 하는 일이 없도록 하겠다."는 말에 나는 완전히 무장 해제되었다.

그 한 달 전에 경건이의 오케스트라팀이 캐나다로 연주 여행을 가는데, 나는 경건이를 보내 주지 못했다. 비용이 700불이나 되었기 때문이다. 다른 멤버들이 여행을 떠난 사이, 혼자 기숙사에 남아 있을 아이를 생각하니 얼마나 가슴이 쓰리던지! 가난은 때로 아픈 것을 넘어 상처가 되기도 했다. 특히나 아이 문제에 있어서는 울혈이 쌓이는 듯 했다. 그 상처를 아는 듯, 초우트는 아이가 하고 싶은 일은 뭐든지 지원하겠노라고 했다. 초우트는 도저히 저항할 수 없을 만큼 내 마음을 두드리고 감싸안았다. 하지만 이 역시도 화평이가 결정할 일이었다.

다행이 무심하던 화평이의 얼굴에도 환한 기색이 돌기 시작했다. 학교를 둘러보는 동안 아이도 점점 활기를 띠고 있었다. 무엇이 화평이의 태도를 바꾸어 놓은 걸까? 화평이는 초우트의 어떤 점이 그렇게 마음에 들었던 걸까?

화평이에게 초우트를 둘러본 소감을 물었다. 아이는 그저 괜찮다고만 했다. 우리 아이들은 어려서부터 자기 생각을 분명히 표현하도록 훈련해왔다. 뭔가 마음에 들었다면 확실히 표현했을 터였다. 그저 괜찮다니, 화평이답지 않은 모습이었다. 하지만 아이의 태도를 통해 화평이가 왜 그렇게 하는지를 짐작할 수 있었다.

10명의 장학생 가운데는 아이오와 출신의 한국인 여학생이 포함되어 있었다. 1박 2일의 일정 동안 두 한국인 가족은 계속 어울려 다녔다. 그 여학생 가족은 우리의 목적지인 시카고를 경유해서 아이오와로 가야 했기 때문에 비행기도 함께 타게 되었다. 공항에서 기다리는 동안 화평이는 그 여학생에게 가서 말했다. "나랑 보드게임 하지 않을래?" 흔히 볼 수 없는 광경이었다. 화평이는 이제까지 여학생에게 그렇게 관심을 보인 적이 없었다.

돌아와서 화평이에게 초우트에 가겠느냐고 물었다. 아이는 망설임 없이 대답했다. "네." "그 여학생이 그렇게 맘에 들던?" 단도직입적인 질문에 아이는 배시시 웃었다. 화평이의 초우트 입성은 그렇게 이루어졌다. 생각이 깊고 진중한 아이가 가장 단순한 이유로 결정한 것이다. 물론 초우트의 모든 면이 싫지 않았기에 가능한 일이었다. 그 뒤, 화평이가 확신했던 대로 IMSA에서도 합격 통지서가 날아왔다. 그러나 초우트로 결정된 화평이의 마음은 다시 흔들리지 않았다.

다채로운 모습으로 성장해 가는 아이

입학 동기야 어찌 됐든 화평이는 초우트에서 많은 성장을 했다. 경건이가 IMSA의 교육 방침에 따라 학구적인 깊이를 더해 가고, 스스로를 관리하는 리더의 면모를 갖춰 간 반면, 화평이는 다방면에서 다채로운 모습으로 성장해 갔다.

초우트는 처음 약속대로 화평이가 원하는 모든 교육을 지원해 줬다. 화평이가 초우트에서 발견한 재능 중 가장 극적인 것은 바로 성악이다. 나는 화평이가 정말 노래를 못한다고 생각했다. 나뿐만이 아니라 가족 모두가 그렇게 생각했다. 가정 예배 때 함께 찬양을 하면 자연스럽게 화음이 이루어졌다. 왜냐하면 화평이가 늘 음을 낮게 잡았기 때문이다.

미국에서는 4~5학년이 되면 음악 시간에 악기든 노래든 본인이 원하는 것을 선택해서 배우게 된다. 화평이는 현악기 가운데 음이 낮은 첼로를 선택했다. 6학년이 되어 밴드반에 들어가서는 트롬본을 선택했다. 트롬본 역시 음이 아주 낮은 관악기다. 화평이는 점심시간까지 활용하며 두 가지 악기를 다 배웠다.

그런데 고등학교에 가서는 둘 중 하나를 선택해야 했다. 아이는 첼로보다 트롬본을 더 좋아했다. 트롬본은 메인 악기가 아니고 다른 악기를 서포트 하는 역할을 한다. 반면 첼로는 낮은 음색이긴 하지만 솔로로 연주해도 아주 멋진 소리를 내는 악기다. 나는 트롬본을 선택하려는 아이에게 "화평아, 트롬본은 다른 악기가 있어야만 멋진 음악을 만들지만, 첼로는 혼자서도 멋진 연주가 가능하잖아. 그런 면에서 첼로가 더 활용도가 좋지 않을까?"라고 말했다.

화평이가 첼로도 좋아한 것은 사실이다. 그러나 오케스트라보다는 재즈 밴드를 더 좋아했기 때문에 아이는 트롬본을 계속하기를 원했다. 그런데 내가 첼로를 권하자 엄마의 의견을 존중해 첼로를 선택했다. 나의 실수였다.

화평이는 일반 고등학교에 다닐 때까지는 첼로를 계속했다. 그러나 초우트에 들어간 이후, 아이는 결국 첼로를 포기하고 말았다. 초우트의 학생들은 어렸을 때부터 고급 레슨을 받아온 아이들이다. 그들은 악보를 받는 즉시 그것을 거의 완벽하게 연주했다. 화평이가 일주일 내내 연습해야만 가능할 수준으로 말이다. 아이는 해야 할 다른 공부도 많은데 계속 첼로에 매달리는 것은 의미가 없다고 말했다. 그제서야 나는 첼로를 고집했던 것을 후회했고, 아이에게 그 일에 대해 사과했다.

다행히 그 무렵 한 친구가 화평이에게 아카펠라 그룹에 들어오라고 권유했다. 노래라니? 화평이는 자기가 노래를 할 거라는 생각을 해 본 적이 없었다. 그러나 그 친구는 말했다. "네 목소리면 베이스를 잘 할 수 있을 것 같은데?" 화평이의 목소리는 중후하게 깔리는 남성적인 저음이다. 그들은 화평이의 성량을 테스트했다. 아이의 소리는 아래로 아래로 계속해서 내려갔다. 화평이는 기가 막힌 저음을 낼 수 있는 타고난 베이스였다. 화평이의 재발견이었다.

화평이가 노래를 못한 이유는 소리를 제대로 내는 방법을 배우지 못했기 때문이었다. 아이가 성악 레슨을 받고 싶어 하자, 초우트는 무엇이든 해 주겠다는 약속대로 아이에게 개인 지도를 받게 해 주었다. 화평이의 성악 지도 교사는 타고난 베이스인 화평이가 지금까지 성악을 배우지 못한 것을 안타까워했다.

도대체 왜 나는 소리가 아래로 내려가는 것에는 관심을 기울이지 못한 걸까? 왜 위로 올라가는 소리에만 신경을 쓰고 아이가 노래를 못한다고 단정해 버렸던 걸까? 지금 생각해도 참 어리석었고 부끄럽다.

성악 레슨 후, 화평이의 새로운 인생이 시작됐다. 아카펠라 그룹에 들어간 화평이는 노래의 매력에 점점 빠져들었다. 아이는 노래하는 것을 무척 행복해했다. 노래에 자신감을 갖은 화평이는 뮤지컬에도 도전했다. 아이는 무대에서 노래하고 탭댄스까지 췄다.

졸업반 때는 뮤지컬 레미제라블에 출연했다. 주연은 아니었지만 다양한 보조 역할을 하며 아이는 즐거워했고, 공연을 보는 우리 또한 정말이지 행복했다.

화평이는 예일대학에 들어가서도 100년 전통의 아카펠라 그룹 스피즈윙스(Spizzwinks)에서 활동했다. 화평이가 활동하는 동안 스피즈윙스는 카네기홀에서 공연도 하고 북미, 남미를 비롯해 유럽, 아시아, 아프리카, 오스트레일리아까지 5대륙을 돌며 공연을 했다. 음악은 화평이의 인생을 더욱 풍요롭게 만들었다.

초우트는 화평이에게 성악에 대한 재능을 찾아 주었을 뿐 아니라 세부적인 전공도 확실히 선택할 수 있도록 했다. 화평이는 세포 연구에 관심이 많다. 그러나 초우트에 생물학은 있어도 세포를 집중적으로 연구하는 과목은 없었다. 화평이는 초우트에 개인 지도 수업(directed study)을 신청했다. 개인 지도 수업이란 정규 교과과정 외의 특별한 분야에 관심 있는 학생들이 교재나 논문들을 스스로 선택하고, 교사의 지도 아래 연구를 할 수 있도록 하는 것이다. 화평이는 다른 한 친구와 함께 '바이러스에 관한 최신 연구'에 대해 배울 수 있도록 개인 지도 수업을 요청했고, 초우트는 그 요청을 수락했다.

화평이는 과학 센터의 연구용 연못에서 박테리아 바이러스를 추출해 내는 실험을 했다. 비록 실험에는 실패했지만 아이는 많은 것을 배웠다. 학기말의 연구 과제는 사람들에게 치명적인 특정 바이러스에 관한 논문을 쓰는 것이었다. 화평이는 고열과 내출혈을 일으키는 열대 전염병 바이러스인 에볼라 바이러스(Ebola virus)에 대해 연구했다. 아이는 다른 친구가 여섯 페이지의 논문을 쓰는 동안 무려 열여덟 페이지를 쓸 만큼 연구에 매료되었고, 대학 전공으로 생명의료공학을 선택하게 되었다.

귀족들을 무시한 영세민 아이

초우트에 들어간 화평이의 성적과 결과들은 화려했다. 그러나 나는 그 이면의 삶에서 아이가 느끼는 감정은 어떤 것일지 늘 걱정이 됐다. 초우트 1년 학비의 절반도 안 되는 연봉으로 살아가는 가난한 집의 아이가 어마어마한 부자들 사이에서 느끼는 괴리감은 없을까? 늘 주눅이 들어 있지는 않을까? 혹은 무시당하며 지내고 있지는 않을까? 무수한 생각이 들었다.

초우트는 따로 교복을 입지는 않지만 나름의 복장 규정이 있었다. 칼라가 있는 셔츠와 면바지인데 나는 그것조차도 헌 옷을 구해다 입혀야 했다. 초우트에는 세탁 서비스도 있었다. 대부분의 학생이 옷은 물론이고 양말, 속옷까지도 세탁소에 맡겼다. 그러나 화평이는 동전 세탁기에서 빨래를 했다. 집에 오면 아이는 동전을 잔뜩 구해달라고 했다. "학교 세탁실에 동전 교환기가 없니?" "있기는 한데 고장이 났어요." 그런데 그 고장 났다는 동전 교환기는 몇 학기가 지나도록 고쳐지지 않았다. 많은 아이가 동전 교환기를 사용했다면 과연 그렇게 오랫동안 수리를 하지 않고 두었을까? 아이에게 무거운 동전들을 건네줄 때마다 늘 내 마음도 함께 무거워졌다.

아이와 학교생활에 대해 이야기를 나누다 보면 때로 가슴이 먹먹해졌다. "학교에서 생활하면서 언제 네가 다른 아이들과 가장 다르다고 느껴지니?" "아이들이 현금 인출기에서 아무 망설임 없이 몇 백 불씩 돈을 뽑을 때요. 나는 20불을 뽑아도 잔액을 따져 가며 신중하게 뽑는데, 그 아이들은 별 생각 없이 돈을 막 뽑아요."

당시 초우트에는 세계 8위 갑부의 조카, 국내 굴지 대기업 최고경영자의 아들 등 말만 들어도 기가 죽을 만한 아이들이 있었다. 또한 다른 학생들 역시 대단한 부자들이었다. 그 속에서 아이가 어떻게 지내고 있는지 늘 걱정이 되었다. "학교에 혹시 너를 가난하다고 깔보거나 무시하는 애들은 없니?" 아이는 솔직하게 대답했다. "있어요." 가슴이 내려앉았다. "그럴 때는 어떻게 하니?" 아이는 한 치의 망설임도 없이 대답했다. "그냥 상대를 안 해요. 진짜 한심하기 짝이 없는 애들이에요. 그 애들은 돈 많은 부모를 가졌다는 것 외에는 나를 이길 수 있는 게 하나도 없거든요." 아이는 내 걱정을 한 방에 날려 버렸다. 돈으로 거들먹거리는 아이들에게 기가 죽기는커녕, 그 아이들을 그저 부모의 돈만 믿고 바보짓 하는 무리로 여기고 있었다. 심지어 부족함 없는 부모의 뒷받침을 받고도 스스로 모든 것을 해나가야 하는 자신을 이길 수 없다며 비웃고 있었다. 영세민 아이가 은수저를 물고 태어난 귀족들을 무시하다니! 통쾌한 역차별이었다.

어릴 적부터 형제들에게 치이며 진중하고 조용한 성격으로 자랐던 화평이. 그러나 화평이는 정말 기가 죽을 만한 환경에서 도리어 더 활기차고 자신감 넘치는 아이로 변해갔다. 아이는 말했다. "엄마, 초우트에는 가난하다는 이유만으로 다른 사람을 무시하는 어리석은 애들이 그리 많지 않아요. 가난하다고 누군가를 무시하는 애들은 스스로가 엄청 잘난 줄 알지만, 사실은 다른 친구들에게 무시당하는 불쌍한 애들이에요. 그런 얼간이들 몇 명을 제외하고는 다들 똑바른 생각을 지닌 훌륭한 아이들이라고요. 그리고 나는 절대 다수의 아이들에게 존중받을 만큼 잘하고 있어요. 엄마가 걱정하지 않아도 될 만큼이요."

화평이의 눈빛에서도 알 수 있었지만, 그 말은 모두 사실이었다. 성적표에 적힌 교사들의 평가가 그것을 말해 줬다. 학점뿐만 아니라 학교생활 전반에 걸친 담당 교사의 상세한 코멘트에는 이런 글도 적혀 있었다. "데이빗이 하고 있는 수많은 활동을 볼 때, 그가 도대체 어떻게 시간 활용을 하고 있는지 나로서는 이해할 수가 없다." 화평이의 학교생활에 대해 4년간 코멘트를 했던 학생 과장은 마지막 성적표에 이런 푸념을 적어 놓았다. "데이빗은 수많은 찬사를 받기에 합당한 학생이다. 4년째 데이빗의 행적에 대해 코멘트를 하다 보니, 이제는 내가 할 수 있는 찬사의 표현들이 바닥나 버렸다."

수석으로 졸업하다

늘 막힘없이 나아간 것 같지만 화평이에게도 어려움은 있었다.

11학년 때 학년장으로 일했던 화평이는 졸업반이 되어 총학생회장에 출마했다. 학생들 앞에서 출마 연설을 할 때였다. 화평이의 앞 순서에 배정된 후보는 전년도 학년장이었던 화평이를 도와 일하던 임원이었다. 그 아이는 화평이를 도왔을 뿐, 실제적인 공은 화평이의 것이라고 해야 옳을 업적들을 자기가 다 한 것인 양 연설을 했다. 다음 차례를 기다리던 화평이가 말하려던 내용들이었다. 화평이로서는 아주 난감한 일이었지만 차분히 연설을 해나갔다. "나는 지난해에 내가 학년장으로서 했던 일에 대해서는 말하지 않겠습니다. 여러분의 판단에 맡길 뿐입니다." 결국 화평이는 총학생회장이 아닌 대의원에 뽑혔다.

초우트와 같은 기숙사 학교에는 학생회 임원 외에 학생들의 기숙사 생활을 관장하고 관련 정책을 수립하는 등 학생들의 입장을 대변하는 임원들도 있다. 영화 〈해리포터〉의 기숙사에서 반장이라고 불리는 프리펙트(Prefect)들이다. 여러 개의 기숙사 건물마다 프리펙트가 있고, 그들을 총지휘하는 헤드 프리펙트(Head Prefect)가 있다. 헤드 프리펙트는 학생들이 뽑는 총학생회장과 달리 교사들이 직접 뽑는데, 졸업반 학생들 가운데 성적과 학교 발전 기여도, 선행 등 종합적인 면에서 가장 모범이 되는 학생을 선출한다. 초우트의 교사들은 그해의 헤드 프리펙트로 화평이를 임명했다.

본격적인 입시 준비를 앞두고 화평이에게는 연이어 난감한 일들이 생겼다. 화평이는 초우트에 들어오면서 본의 아니게 9학년을 두 번 다녔다.

입학 담당자의 말대로 화평이는 자기 수준에 맞는 상위 클래스를 선택해서 학업에는 아무 문제가 없었다. 하지만 인생이 늘 그렇듯, 그로 인해 예기치 않은 문제가 생겼다.

미국에서는 11학년 때 PSAT(Pre Scholastic Aptitude Test)라는 일종의 모의고사를 치르게 된다. 이 시험의 결과에 따라 내셔널 메리트 스콜라십(National Merit Scholarship)이라는 장학금을 받게 되는데, 그 액수는 2천 불 정도로 학비에 비하면 많지 않은 금액이다. 그럼에도 불구하고 이 시험이 중요한 이유는 내셔널 메리트 스콜라십 수혜자라는 경력 때문이다. 일반 고등학교에서는 내셔널 메리트 스콜라십 수혜자가 되면 학교에 영구적으로 그 학생의 사진을 걸어 두는 곳도 많다.

PSAT 시험은 본인이 원할 경우 10학년 때에도 볼 수 있다. 화평이는 10학년 때 이 시험을 치렀다. 그리고 내셔널 메리트 스콜라십의 후보가 될 만큼의 점수도 받았다. 하지만 10학년은 스콜라십 선정 대상이 아니었다. 11학년이 되자 화평이는 다시 PSAT 시험을 치렀다. 역시 높은 점수를 받았다. 하지만 이번에도 화평이는 심사 대상에서 제외되고 말았다. 바로 9학년을 두 번 다녔다는 이유 때문이다. 결국 화평이는 충분한 실력에도 불구하고 이력에 흠집이 생긴 것이다.

설상가상이라 했던가? SAT 본 시험에서 화평이는 큰 실수를 하게 되었다. 그간 봐 온 모의고사 성적대로라면, 화평이는 만점도 기대할 수 있었다. 그런데 영어 시험을 치르던 중 맨 마지막 페이지를 보지 못하는 어이없는 실수를 하고 말았다. 문제를 다 풀었다고 생각하고 여유를 부리던 아이는 뒤늦게 그 사실을 깨달았지만, 이미 시간은 촉박했다. 결국 그

부분에서만 80점이 깎이고 말았다.

2,400점 만점에 2,320점이면 상당히 높은 점수다. 하지만 너무나 안 타까운 일이었다. 다행이 SAT는 1년에도 여러 번 시행되는 시험이라 다시 SAT를 치를 수가 있었다.

그러나 화평이는 더 이상 시험을 치르지 않겠다고 선언했다. "엄마, SAT 시험은 이제 더 안 볼래요. 지금 점수만으로도 어떤 대학에서든 충분히 공부할 수 있어요." "왜? 점수를 더 올릴 수 있다면 다시 보는 게 낫지 않을까?" "아뇨, 그 정도면 충분해요. 점수 조금 더 올리려고 다시 시험 준비를 하는 것보다 다른 것을 너 열심히 준비하는 게 나을 것 같아요."

나는 불안한 생각이 계속 들었다. 하버드 입시에서는 SAT 만점, 내신 성적 만점, 총학생회장 또는 스포츠팀 주장의 화려한 이력에도 불구하고 매년 낙방하는 사람이 800명에 이른다고 한다. 게다가 화평이는 내셔널 메리트 스콜라십도 놓쳤다. 실제 능력이 그것밖에 안 된다고도 볼 수 있는 상황이었다. 그러나 화평이는 여전히 여유 있는 태도였다.

화평이는 근거 없는 낙천주의자도 아니고, 과장된 허풍장이는 더더욱 아니다. 아이는 스스로에게 떳떳할 만큼 최선을 다했기에 동요하지 않았다. 그 결과 화평이는 하버드와 예일에 동시 합격했다.

화평이는 초우트에서 가장 가난한 학생이었지만, 정신력만큼은 그 누구에게도 뒤지지 않았다. 어려운 일을 만날수록 자신이 할 수 있는 일에 최선을 다함으로써 한계를 넘었고, 모든 상황을 역전시켜 나갔다. 3년간 최우수 학생, 헤드 프리펙트, 학년장, 총학생회 대의원, 교내 신문 고정 칼럼니스트, 아카펠라 단원, 챔버 합창단으로 활동했으며, 학교 대표 수영 선수 및 수구 선수로 활약하며 수많은 메달을 받아 학교의 명예를 높이는 데 기여했다. 그 가운데 수구 선수로서는 초우트 120년 역사에 최다 출장 기록 11위라는 위업을 달성했다. 경기 중 상대 선수와 머리를 크게 부딪쳐 가벼운 뇌진탕을 일으킨 후, 한 달간 경기 출장을 못 하는 불운 속에 건진 기록이었다.

화평이는 결국 2009년도 졸업생 가운데 학교에 가장 많이 기여한 학생에게 수여되는 최우수상(Choate School Seal Prize)을 받고 졸업생 대표로 선정되었다. 수석 졸업생이 된 것이다. 초우트 교정에 웅장하게 서 있는 힐 하우스 다이닝 홀에는 120년간 초우트와 로즈메리 홀을 대표한 졸업생들의 이름이 걸려 있다. 거기에는 '2009, Hwa-pyung Lim'이라는 이름도 새겨져 있다. 그리고 화평이와 함께 로즈메리 홀을 대표하는 여학생으로 나란히 이름이 새겨진 아이는 화평이가 초우트를 선택한 동기가 되었던 바로 그 여학생이었다.

케네디 전 대통령 배출 사립고 '초우트 로즈메리 홀'

한인 남녀 수석졸업 영예

시카고 출신 임화평군, 아이오와 스테파니 최양

각각 예일, 하바드대 진학 예정

임화평군

스테파니 최양

동부의 명문사립고교인 커네티컷주 월링포드 소재 '초우트 로즈메리 홀' (이하 초우트)의 올해 남녀 수석졸업의 영예를 중서부지역 한인 학생 2명이 차지해 화제가 되고 있다.

대입예비고인 초우트는 존 F. 케네디 대통령이 졸업했으며 체스터 보울 커네티컷 주지사, 안 칼슨 전 미네소타 주지사, 배우 마이클 더글라스, 영화배우 제이미 리 커티스 등 여러 분야에 걸쳐 저명한 졸업생을 배출한 곳으로 유명하다. 이 학교에서는 남자학교였던 초우트와 여자학교였던 로즈메리가 지난 1974년 하나로 합쳐지면서 남학생부와 여학생부로 나뉘어 수석 졸업생 (School Seal Prize)을 뽑고 있는데 수석졸업생이 되면 교내 명예의 전당에 헌액된다. 이 남녀 수석졸업의 영광을 한인 학생들이 독차지한 것이다.

남학생부 수석졸업생인 임화평군(17)은 샴버그 인근 로젤타운에 거주하는 임용섭(44, 한국총신대 재직)씨와 임경이(43)씨 부부의 3남 1녀 중 셋째다. 평범한 집안의 아들인 임화평군이 연간 학비와 기숙사비가 4만3천여달러에 달하는 초우트에 입학하게 된 배경부터가 재밌다. 임군은 나일스 소재 제미나이 중학교를 다니던 중 8학년을 월반, 메인이스트고교에 입학했다. 진학후 임군은 그저 자신의 객관적인 실력을 점검해 보기 위해 SAT 시험을 치렀는데, 그의 성적은 임군이 등록해 있던 '미드웨스트 탤런트 서치'라는 기관을 통해 초우트로 전달됐다.

여러 방면에서 우수 학생을 찾고 있던 초우트는 임군의 실력과 장래성을 파악하고 고교 4간의 학비는 물론 용돈, 그리고 시카고를 방문할 때 소요되는 항공 티켓까지 제공해주는 파격적인 조건을 제시하며 임군을 입학생으로 선발했다는 것이다.

〈3면에 계속·박웅진 기자〉

120년 전통의 초우트에 2009년도 졸업생 대표로 새겨진 화평이의 이름(Hwa-Pyung Lim).
화평이는 미국에서 데이빗(David)이라는 이름으로 더 알려졌지만
초우트에 영구히 보존될 이름으로 자랑스러운 한국 이름을 선택했다.

3부

내 아이에 맞는
맞춤 교육을 하라

양육에는 일관성 못지않게 유연성도 필요하다. 모든 아이가 다 다르기 때문이다. 양육 전문가는
아닐지라도, 내 자녀에 대해서는 모든 엄마가 전문가다. 일반적인 양육 지식에 더해 내 아이의
성향과 수준을 고려한 맞춤 교육을 한다면, 아이의 능력을 최대한 끌어낼 수 있다. 아이의 연약
함과 한계를 아는 것도 중요하다. 가정은 지친 몸과 긴장된 마음을 내려놓고 내일을 준비할 수
있는 도약의 발판이 되어야 한다.

꿈은 아는 만큼 꿀 수 있다. 아이들은 세상뿐 아니라 아직 자기 자신도 잘 모르기 때문에 엄마는
아이의 재능과 적성을 파악하고 이끌어야 한다. 어떤 학교를 보낼 것인가보다 중요한 것은 어떤
것을 할 것인가이다.

실패를 두려워하지 말자. 실패는 아프지만 아이를 성장시킨다.

왜 계모처럼
애를 키우세요?

아이의 의견과 성향을 존중하라

경건이가 5학년 때, 학교에서 처음으로 바이올린을 배우게 됐다. 미국에서는 오케스트라가 음악 수업의 선택 과목이며, 가정 형편에 따라 악기도 무료로 빌려 줬다. 아이가 바이올린을 배운 지 얼마 지나지 않아 오케스트라 선생님이 말했다. "샘이 바이올린을 처음 배우는데도 소리를 아주 깨끗하게 내네요. 처음엔 다들 정확한 음을 내기도 힘들고 활도 제대로 쓰지 못하거든요. 그런데 샘은 단숨에 깨끗한 소리를 내더라고요." 수십 년간 오케스트라를 지도해 온 그 교사는 대외적으로도 인정받는 음악가였다. 그 교사가 지도하는 오케스트라팀은 늘 대회에 나가 상을 휩쓸다시피 했다. 바이올린에 문외한인 나는 물었다. "그게 그렇게 대단한건가요?" "당연하죠. 오랫동안 아이들을 가르쳐 왔지만, 처음부터 그런

소리를 낼 수 있는 아이는 흔치 않아요. 샘은 바이올린에 재능이 있는 겁니다."

내 아이가 바이올린에 특별한 재능이 있다! 바이올린을 팔아먹으려는 장사꾼의 말이 아니다. 학원에서 수강생을 모집하려는 입에 발린 말도 아니다. 베테랑 오케스트라 지도 교사가 한 말이다. 이런 상황에 솔깃하지 않을 부모가 어디 있을까?

나는 아이의 재능을 키워 줘야 한다는 사명감을 불태우며 집에 오자마자 경건이를 붙들고 얘기했다. "오케스트라 선생님이 너한테 재능이 있대. 흔치 않은 재능이래. 이제부터 바이올린 레슨을 받자." 그러자 아이는 대뜸 말했다. "엄마, 레슨비가 얼마나 비싼 줄 알아요? 엄마 돈 없잖아요."

물론 레슨을 시킬만한 돈은 없었다. 하지만 자식의 재능을 키우기 위해서라면 무엇인들 못하랴! 24시간 영업하는 편의점이나 주유소에서 한밤중에 일을 더 해서라도 레슨비를 마련할 참이었다. "돈 걱정은 하지 마." 그런데도 아이는 여전히 뚱한 반응을 보였다. "그래도 싫어요." "왜?" "나는 악기 연주를 직업으로 하고 싶지는 않아요." "지금은 처음이라 잘 못하니까 그럴 수도 있지. 더 배워서 연주를 잘하게 되면 생각이 바뀔지도 모르잖아?" "그럴 것 같지 않은데요?" "해 보지도 않고 포기하는 것보다, 해 보고 다시 생각하는 게 낫지 않을까?" "싫다니까요." "그래도 선생님이 재능이 있다는데 그 재능을 묻어 버리기에는 너무 아깝잖아." "그래서 바이올린 수업을 받고 있잖아요." "선생님이 그러는데, 수업 시간에는 학생들이 많아서 개인적으로 돌봐줄 수가 없대. 개인 지도를 받으면 실력이 빨리 향상된대. 그래서 레슨을 받자는 거야." "엄마, 수업 시간에 바이올린 배우는 것은 할 수 있지만, 레슨까지 받는 것은 싫다니까요?"

아이와 이런 논쟁을 하는 것은 참 피곤한 일이다. 그렇다고 포기할 내가 아니었다. 아이 넷을 키우는 동안 무수한 실전 경험을 통해 상대를 설득하거나 제압하는 기술을 차곡차곡 쌓아온 나다!

엄마를 설득시켜라

나는 아이들의 의견을 존중하는 편이다. 그러나 '무조건 싫다'는 것은 내게 통하지 않는다. 물론 아이들이 고집을 부리는 데는 그만한 이유가 있다. 그렇다면 그 이유를 내게 설명하면 된다. 나 역시 아이들에게 무조건 강요하기보다 엄마 말을 왜 따라야 하는지 이해시키려고 늘 노력했다. 그러니 아이들도 무조건 고집을 부리기 전에 자기 생각을 정리하고 나에게 설명을 해야 했다.

나는 아이들이 어렸을 때부터 "왜?"라는 질문을 자주 던졌다. 그리고 자기 의사를 확실히 표현하도록 훈련시켰다. 아이들의 말이 타당하면 가급적 내 생각을 접고 아이들의 의견을 존중했다. 그래서 우리 아이들은 자기 생각을 논리적으로 펼치는 데 익숙하다. 우리 아이들이 SAT 작문에서 다들 만점을 받은 것도 바로 이런 훈련 덕분이 아니었을까?

경건이는 같은 악보를 끊임없이 반복하고 연습해야 하는 게 싫다고 했다. 음악 시간에 배우는 정도는 괜찮지만 사람들 앞에서 몇 시간씩, 잘할 때까지 계속해서 하는 것은 지루해서 견딜 수 없다는 거다.

경건이의 설명은 꽤나 설득력이 있었다. 재능도 중요하지만 아이의 성격이나 성향도 결코 무시할 수는 없기 때문이다. 또 재능이 있다는데 하며 억지로 시킬 경우에 나타날 부작용이 뻔히 보였다.

우선 나부터가 하루 종일 일하고 돌아와 가족들의 저녁을 준비하고 또다시 아르바이트를 하러 나서야 한다. 그렇게 번 돈으로 레슨을 시켰는데, 아이가 열심히 하지 않으면 가만히 지켜볼 수가 없을 것이다. 왜 연습을 하지 않느냐며 아이를 닦달할 것이고, 애초부터 싫었던 것을 야단까지 맞아가며 해야 하는 아이도 엄청난 불만이 쌓일 것이다. 결국은 아이와의 관계도 망치고 각자 엄청난 스트레스로 힘들어 할 것이다.

아이는 나를 이해시키는 데 성공했다. 타당한 이유였다. 그렇다고 해서 그걸로 끝은 아니다. 나는 아이의 의견을 존중하는 대신 아이의 결단을 촉구했다. "그래, 무슨 말인지 알겠다. 하지만 바이올린은 계속해서 열심히 연습해야 해." 승자는 패자에게 관대해지는 법이다. 아이와 밀당을 해야 하는 경우라면 이런 기회를 놓쳐서는 안 된다. 아이는 한결 부드러워진 태도로 여유 있게 말했다. "물론이죠. 학교에서 배우는 거니까 열심히 할게요." "혼자서도 잘할 수 있겠어?" "그럼요. 누군가 지켜보는 것보다는 훨씬 나은 걸요!"

여기까지 진전되면 나는 그 각오를 확고히 하기 위해 보상을 제시한다. "그래. 너 혼자서도 열심히 연습한다면, 스티커를 30분마다 하나씩 줄게. 어때?" "오케이!" 아이는 흔쾌히 동의했다. 레슨을 안 하게 된 것만도 좋은데 이게 웬 떡이냐는 듯 말이다.

인성이나 관계보다 지식을요?

바이올린 레슨에 대해 경건이와 원만한 타협을 한 지 며칠 후, 한인 교회 엄마들이 모여 학원 이야기를 하다 그 이야기가 나왔다. 내 이야기에 엄마들은 경악을 하며 한꺼번에 말을 쏟아냈다. "아니, 세상에…… 애가 싫어한다고 안 시키는 부모가 어디 있어요? 사모님은 왜 그렇게 애들한테 끌려다니세요?" "세상에 학원 가는 거 좋아할 애들이 어디 있겠어요? 그래도 그렇게 가르쳐야 하는 거 아니에요?" "우리는 뭐 가기 싫다는 애를 보내고 싶어서 보내는 줄 알아요? 다 애 장래를 생각해서 보내는 거지." "엄마라면 그래야 되는 거 아니에요? 사모님은 계모도 아니면서 왜 계모처럼 애를 키우세요?"

학원 교육에 대한 일부 엄마들의 맹신은 거의 종교적인 수준이다. 물론 학원이 왕도가 아니라는 것은 잘 알고 있지만, 그래도 안 보내는 것보다는 나으리라는 믿음이 확고히 자리 잡고 있다. 그 믿음에 따라 아이와 날마다 신경전을 벌이며 싸우고, 관계가 손상되는 것까지도 기꺼이 감수한다.

나는 주말이면 한국학교 교사로도 일을 했다. 한인 교회에서는 교포 2세들에게 한글을 가르치기 위해 부설 기관으로 한국학교를 운영하는 경우가 많다. 내가 교무를 맡고 있을 때의 일이다. 교사 회의에서 터져 나온 한 교사의 불평은 나를 경악하게 했다. 한 학생이 수업 중에 노골적으로 딴짓을 하기에 주의를 주었더니 그 학생이 그러더란다. "나한테 신경 쓰지 말아요. 나도 나오기 싫은데 엄마가 나가라고 해서 억지로 왔을 뿐이니까. 선생님은 돈이 필요해서 나왔을 테니, 시간이나 때우고 돈이나 받아 가시라고요."

나는 그 아이를 불러다 대화를 나눴다. 성공한 이민자의 외아들로 남부럽지 않은 환경에서 자라는 아이였다. 겨우 6학년인 그 아이는 유들유들한 태도로 당당하게 말했다. "내가 틀린 말 한 것도 아니잖아요." 잘못했다는 기색 따위는 전혀 없었다. "내가 보기 싫으면 나한테 뭐라지 말고 우리 엄마한테 말하세요. 나도 안 나오고 싶으니까 우리 엄마한테 얘기하라고요."

아이와는 더 이상 대화가 힘들었다. 아이의 엄마와 다시 대화를 시도했다. 다행히 아이의 엄마는 순하고 착한 사람이었다. "아이가 한국학교에 나오는 걸 무척 싫어하네요?" 조심스레 말을 꺼냈더니, 아이 엄마는 사과부터 했다. "죄송해요. 우리 아이가 버릇이 없죠? 그래도 어떡해요. 한글은 가르쳐야 하잖아요. 그러니 힘드시더라도 이해를 좀 해 주세요." "네, 어머니 입장은 충분히 이해해요. 그런데 아이가 학교에 와도 전혀 공부를 하지 않거든요. 그게……." 아이 엄마는 내 말을 자르며 황급히 덧붙였다. "그래도 학교에 나오면 하나라도 더 배우지 않겠어요?"

이런 순진한 믿음을 가진 엄마들하고는 대화가 어렵다. 관점이 다르기 때문에 이야기는 계속 겉돌기만 한다. 아이의 그런 행동은 처음이 아니었다. 대부분의 교사가 아이의 이런 태도를 보았다는 것이다. 아이가 부모의 뜻을 직접적으로 거스르지 않는 것은 용돈 때문이었다. 배움에 대한 열의는 조금도 없었고, 오직 시간을 때울 뿐이었다. 그런데도 부모는 뭐라도 배울 것이라는 확신으로 학교나 학원을 고집하는 것이다.

물론 엄마의 생각대로 아이는 하나라도 더 듣고 하나라도 더 알게 되는 것이 맞다. 하지만 그 단편적인 지식을 위해 아이의 인성과 자세가 망가지는 것은 어떻게 할 것인가? 지식만 늘면 다른 사람과의 관계나 예의, 태도는 아무 상관이 없다는 것일까?

부모에게 자녀 교육은 사명과도 같다. 하지만 성급히 사명을 다하기 전에 득과 실을 따져 보자.

어린아이도 세 살만 되면 자기 의사를 표현하고, 싫으면 반항을 한다. 미운 세 살이라는 말이 괜히 있는 것이 아니다. 그래도 이 시기에는 부모의 권위가 통한다. 엄포를 놓고 야단을 치거나 어르고 달래면 말을 듣는다. 하지만 사춘기에 이른 자녀들을 여전히 세 살 아이 대하듯 한다면 불행한 일이 벌어질 수도 있다.

용감한 아이들은 반항을 하거나 가출을 감행할 것이고, 용기가 없거나 사려가 깊은 아이들은 모든 것을 견디고 인내하는 쪽을 택할 것이다.

문제는 이렇게 쌓인 스트레스를 아이들 스스로가 관리할 수 없다는 데 있다. 아직 제대로 여물지 못한 아이들이다. 소극적이든 적극적이든 아이는 일탈을 할 수밖에 없다. 각자의 성향에 따라 해결책을 모색하는 것이다.

물론 엄마가 원하는 대로 성장하는 아이들도 있다. 마마보이 혹은 마마걸이라 불리는 아이들이다. 혹은 마마보이나 마마걸이 아닌 정말 착한 아이도 있을 수 있다. 그러나 착한 아이라고해서 스트레스가 없는 것은 아니다. 해소하지 못하고 안으로 쌓이는 스트레스는 역시나 매우 위험하다. 몸이 아프기도 하고 만성 무기력증에 걸리기도 한다. 스트레스의 여파는 반드시 나타나기 때문이다.

우리도 집에 오면
쉬고 싶어요

집은 쉼터이다

남편은 정리 정돈에 있어 가히 전설적인 인물이다. 잘해서가 아니라 못해서 말이다. 남편이 필요한 물건을 찾을 때마다 나는 일일이 그 위치를 알려 주는데 가끔은 이런 일도 벌어진다. "여보, 망치 어디 있어?" "책상 오른쪽 서랍 두 번째 칸이요!" "으응, 그건 아는데…… 내가 아까 망치를 꺼내 썼거든."

이러면 대책이 없다. 보물찾기가 시작되는 것이다. 정리 정돈을 못하면 사용했던 자리에 그대로 둬도 좋을 것이다. 일부러 숨기려고 해도 그렇게 잘 숨기기는 어려울 지경이다. 하여튼 정리 정돈을 못하는 데 무슨 특별한 재주가 있다. 그러다 보니 급하게 물건을 찾아야 할 때는 아이들을 동원해 상품을 건 진짜 보물찾기를 하기도 한다. 아이들의 입장에서는 아빠의 깜짝 이벤트인 것이다.

그런데 아이들도 이런 아빠를 닮은 것일까? 물건을 쓰고 제자리에 두는 경우가 아주 드물다. 하루 종일 일하고 집에 들어가면, 다섯 명이 실력 발휘를 제대로 해서 집안은 난장판 그 자체였다. 현관 입구까지 어질러져 있어서 발로 밀고 치우면서 들어가야 하는 경우도 한두 번이 아니었다. 아, 진짜 미치겠다. 어떻게 하면 우리 집 임씨들이 정리 정돈이란 걸 하게 할 수 있을까?

좋은 말로 타이르기, 정리 정돈의 필요성에 대해 조목조목 가르치기, 종종걸음으로 따라다니며 치워서 양심에 호소하기, 너무 힘들다고 징징거려 동정심에 호소하기, 귀가 따갑도록 잔소리하기, 정말 화가 났다고 엄포 놓기, 말 한 마디 않고 치워 살벌한 분위기 만들기, 신세 한탄하기 등 십 년이 넘도록 수많은 방법을 써봤지만 어느 것도 근본적인 해결책이 되지는 못했다.

그렇게 해도 집안 꼴은 달라진 게 없는데, 딱 한 가지 달라지는 게 있었다. 내가 들어가면 식구들이 긴장하고 눈치를 본다는 것이다. 관계만 서먹해져 갔다. 나도 피곤하고 아이들도 피곤했다.

견디다 못해 어느 날 온 가족이 모여 회의를 했다. 사람 사는 꼴이 이게 뭐냐? 정리 정돈은 하고 살아야 할 것 아니냐. 그랬더니 화평이가 조심스레 말했다. "엄마, 우리도 밖에 나가면 한국인 망신시키지 않으려고 잔뜩 긴장하고 살아요. 그래서 집에 들어오면 마음 편히 쉬고 싶어요. 근데 집에서조차 깔끔하게 정리 정돈하고 살아야 한다면 늘 긴장해야 하고 또 피곤할 거예요. 여기가 군대는 아니잖아요."

맞는 말이었다. 깔끔한 집안보다 중요한 것은 가족들이 긴장을 풀고 휴식하며 재충전할 수 있는 공간이어야 한다는 거다. 결국 나를 바꾸기로 했다. 나 혼자 힘들면 된다. 아니, 나도 할 수 있는 만큼만 하자.

그렇게 마음먹고 실천했다. 시간과 힘의 여력이 되는 정도로만 치우고, 두 눈을 딱 감았다. 그러다 보니 점차 내성도 생겼다. 나중에는 온 집안이 발 디딜 틈 없이 어질러져 있어도 초연할 수 있는 득도의 경지에 이르게 되었다. 이러한 변화를 발전이라 해야 할지는 나도 잘 모르겠다. 하지만 한 가지 분명한 것은 식구들이 더 이상 내 눈치를 보거나 슬슬 피하지는 않는다는 것이다.

그런데 이상한 일이 일어났다. 잔소리가 줄어들자 아이들이 집안을 어지럽히는 일도 줄어든 것이다. 조상 중에 청개구리가 있나? 하지만 생각해 보면 이상할 것도 없다. '이것만 하고 해야지.'라고 생각하던 참인데, 잔소리를 들으면 하기 싫어지는 게 어디 아이들만의 일이던가. 반대로 엄마가 이해하고 배려하자 아이들도 엄마를 위해 애쓰고 노력하는 것이다.

아이를 키우면서 두 마리 토끼를 다 잡으려다가는 둘 다 놓칠 수 있다. 어떤 것이 더 중요한가를 신중하게 판단하고, 덜 중요한 것은 과감히 포기하는 것도 지혜다. 혹시 또 아는가? 하나를 열심히 쫓다 보면 그것을 잡고, 운 좋게 달아났던 토끼까지 잡을 수 있을지.

싸우면서 자라는 아이들

미국에 도착한 지 한 달 만에 승리를 낳으러 병원에 가야 했다. 세 아이를 데리고 갈 수는 없는 일이라 어딘가에 아이들을 맡겨야 했지만 미국에는 일가친척 하나 없었다. 하는 수 없이 아는 목사님 댁에 다섯 살, 세 살, 한 살 반짜리 아이 셋을 맡겼다. 잠시도 눈을 뗄 수 없는 세 아이를 맡기려니 너무나 죄송했다. 목사님 집에도 애가 둘이나 있는데, 날마다 아옹다옹하는 애들 셋이 더해지면 사모님이 얼마나 힘들까 싶어 걱정이 이만저만이 아니었다. 헤어지면서 나는 아이들에게 신신당부를 했다. "너희들이 싸우기나 울면 사모님이 너무 힘들 거야. 그러니까 절대 싸우지 말고 착하게 있어야 한다. 알았지?"

나중에 아이들을 데리러 갔더니, 사모님이 정말 감동한 표정으로 말했다. "어머, 애들을 어쩌면 그렇게 잘 키웠어요? 세상에, 이렇게 착한 애들은 처음 봤어요!" 아니, 이 말을 믿어야 하나 말아야 하나? "애들이 울고 싸우고 안 했어요?" "아니요! 너무 사이좋게 지내고 착하더라고요!"

그런데 그렇게 착하다던 아이들이 차에 타자마자 싸우기 시작했다. 한숨을 쉬며 물었다. "너희들, 정말 목사님 댁에서는 안 싸웠니?" "네." "그럼 지금은 왜 싸우는 거야?" "엄마가 목사님 집에서는 싸우지 말라고 했잖아요." "그럼 엄마가 우리 집에서는 싸워도 된다고 했어? 우리 집에서도 늘 싸우지 말라고 하잖아. 근데 왜 우리 집에서는 엄마 말 안 듣고 매일 싸우는 거야?" "우리 집은…… 음……." 아이는 한참을 웅얼거리더니 마침내 이야기했다. "우리 집은 다르잖아요."

아이들이 집에서만 서로 타시락거리고 싸우는 것도 편해서 그러는 걸까? 다른 곳에서는 긴장하느라 그러지 못하고 집에 오면 긴장이 풀리면서 본성이 드러나는 것은 아닐까? 사실 나도 그랬다. 아이들에게 땍땍거리며 잔소리를 늘어놓다가도 전화만 오면 상냥하게 목소리가 변한다. 음성 변조 기능이 있는 것도 아니건만, 이건 완전히 자동이다. 아이들이 그런 나를 쳐다보면 머쓱해져서 한마디 한다. "가정용과 영업용은 다른 거야. 너희들한테 쓰는 목소리는 가정용이야." 가정용이든 영업용이든 그 성능은 같아야 마땅하지만 그게 생각처럼 쉽지가 않다. 부족한 인격 탓이기도 하지만, 집에 오면 마음이 풀어지는 건 어쩔 수가 없다. 어른도 이러한데, 아이인들 오죽하랴?

거의 연년생인 네 아이를 키우다 보면 서로 얽히고설켜 울고불고 싸우고 고자질하는 통에 머리가 아플 지경이다. 매일같이 반복되는 이런 일상에 지칠 때마다 나는 애들도 집에 오면 편해서 저러는 거라며 스스로를 달랬다. 집에서조차 마음대로 할 수 있는 것이 없다면 피곤하고 지쳐서 어떻게 살 수 있을까? 아이들은 지금 숨을 쉬고 있는 거다. 그렇게 나 자신을 다독이며 마음을 추슬렀다.

아이들은 싸우면서 큰다고 한다. 세월이 지나고 보니 그 말은 정말 진리이다. 특히 경건이와 사랑이는 어릴 적부터 성격이 달라 참 많이도 싸웠는데, 언제부턴가 각자의 성향을 가지고 서로를 돕고 있었다. 자기와 생각이 다른 남의 의견이 필요할 때면 언제나 서로의 의견을 물었고, 또한 그렇게 서로에 대한 신뢰를 쌓아 갔다.

사람들은 나빠서가 아니라 서로 달라서 논쟁하고 다툰다. 세상을 배워가는 아이들이 티격태격하는 것은 어찌 보면 자연스러운 일이다. 형제간의 사소한 말다툼 정도라면 인생을 배워 가는 과정으로 받아들이는 게 어떨까? 물리적이거나 언어적인 폭력이 수반되지 않는다면, 적당히 넘어가 주는 것도 지혜다. 아이들은 가정에서부터 타인과 의견을 나누고 조율하며, 존중하고 존중받는 관계를 익히고 원만한 사회생활을 배워 가는 것이다.

그렇게 생각하며 바람 잘 날 없는 하루하루를 견디다 보니 내공도 많이 쌓였다. 언제부턴가 나는 아이들이 서로 의견이 달라 옥신각신하는 정도는 생활 소음으로 여기며 초연하게 되었다. "애들이 그럴 수도 있지." 하며 일일이 개입하지 않고 상황을 지켜볼 수도 있게 되었다. 그 결과, 아이들은 부모의 도움 없이도 서로 간의 원만하고 합리적인 해결점을 찾게 되었다.

꿈은 아는 만큼 자란다

논리적이고 합리적인 아이, 경건

경건이의 꿈은 야구 선수였다. 하지만 투구 폼만 그럴싸할 뿐, 친구들과의 게임에서도 그다지 실력은 눈에 띄지 않았다. 또 운동을 특별히 좋아하는 것도 아니었고 운동신경이 남달리 뛰어나지도 않았다. 하지만 중학생이 되어서도 아이의 꿈은 여전히 야구 선수였다. 이렇다 할 노력도 하지 않으면서 말이다. 내가 보기에는 정말 말 그대로 꿈을 꾸고 있는 것이었다.

경건이는 어렸을 때부터 논리적인 성향이 두드러졌다. 어린 시절의 에피소드는 경건이가 얼마나 논리적인지를 단적으로 보여 준다.

경건이와 사랑이는 성향이 너무 달라 참 많이도 싸웠다. 당시 우리 집에는 체벌 규정이 있었는데, 형제들끼리 나쁜 말을 하면서 싸우면 매 열대. 우리 집 최고형이었다. 남편은 평소 아이들과 잘 놀아 주는 다정한 아빠였지만, 매를 들 때는 아이들이 아연실색할 정도였다.

그날 경건이와 사랑이는 서로 나쁜 말까지 주고받으며 다투었다. 아빠가 매를 들고 오자 사랑이는 즉시 무릎을 꿇고 싹싹 빌며 말했다. "아빠, 아빠, 잘못했어요. 나는 정말 말 잘 듣는 착한 딸이 되고 싶은데요, 마귀가 자꾸 오빠하고 싸우려는 마음을 줘요. 아빠, 정~말 잘못했어요. 다시는 안 싸울게요. 한 번만 용서해 주세요!" 그러자 매 맞는 게 두려워 벌벌 떨던 경건이가 역시 울먹이는 소리로 말했다. "사랑이 너는 우리가 정말로 다시는 안 싸울 거라고 생각해? 우리는 또 싸울 거고, 그러니까 우리는 맞아야 돼!"

경건이는 이렇게 논리적이고 사리 분별이 빠른데다 정의감도 있었다. 나는 경건이가 목사나 변호사가 되면 좋겠다고 생각했다. 단순한 욕심에서라기보다 아이의 성향과 적성에 잘 맞는 일이라고 생각해서였다. 하지만 경건이는 목사나 변호사가 될 생각이 전혀 없었다.

일단 목사가 되는 것을 권하자 아이는 싸늘하게 대답했다. "목사가 돼서 이렇게 가난하게 사는 건 아빠 하나로도 충분해요. 나는 절대로 목사가 되지 않을 거예요." 다섯 살 때 미국으로 건너와 동양인으로, 또 영세민의 아이로 크면서 경건이는 알게 모르게 많은 상처를 받았다. "아빠는 뭘 해도 잘 살 수 있었을 텐데 목사가 돼서 이렇게 가난하게 사는 거예요. 나는 내 아이들을 이렇게 가난하게 살게 하고 싶지 않아요."

아이의 말대로 남편은 재능이 많은 사람이다. 우리 집에는 주워 온 가전제품들이 많았는데, 겉보기는 깨끗한데 고장이 나서 버려진 것들을 남편이 주워다가 고쳐서 사용했다. 설명서가 없어도 남편은 가만히 들여다보고 척척 잘도 고쳤다. 또 남편은 운동신경이 좋아서 기본만 배우고서도 금방 수준급으로 잘해내곤 했다. 그런 남편이 가난한 목사를 선택한 것은 하나님의 특별한 섭리였다. 아이와 깊이 대화하고 또 설명하자 아이는 아빠의 선택을 인정하고 받아들였다. 하지만 그래도 아빠처럼 되고 싶어 하지는 않았다. 가난의 아픔을 자기 자식들까지 겪게 하고 싶지 않을 만큼 아이의 상처가 꽤 깊었던 것이다.

다음으로 변호사는 어떠냐며 권해 보았다. "경건이 너는 참 논리적이고 합리적인데다 말도 설득력 있게 잘하니까 변호사가 되면 정말 잘할 거야." 그러자 아이는 여전히 시큰둥하게 말했다. "엄마, 나도 변호사에 대해 생각해 봤어요. 그런데 변호사는 욕을 엄청 많이 먹던데요? 나는 이왕이면 사람들에게 존경받는 직업을 갖고 싶어요." 아이는 O. J. 심슨 사건과 같이 돈만 있으면 무죄가 되는 현실에 분개했다. "세상에는 죄를 짓고도 벌은 받지 않는 못된 사람들이 너무 많아요. 나는 그런 사람들을 위해 일하고 싶지 않아요." "경건아, 어떤 일이든 일 자체가 나쁜 건 아니야. 일을 하면서 자기 욕심을 채우려는 사람이 나쁜 거지. 예컨대 선생님은 존경받을 수 있는 직업이지만, 그렇다고 해서 모든 선생님이 다 존경을 받는 건 아니잖아? 만약 선생님이 아이들을 잘 가르치는 일에는 신경 쓰지 않고 자기의 사리사욕만 채운다면, 그 선생님은 욕을 먹고 또 교사라는 직업에 먹칠을 하게 되는 거잖아?" 경건이는 내 말에는 동의했지만 여전히 변호사라는 직업을 불명예스럽게 생각했다.

그러던 경건이가 고등학생이 된 후 느닷없이 변호사가 되겠다고 한 적이 있다. 당시 우리는 형편이 더 어려워져서 작은 집으로 이사를 해야 했다. 돈을 주고 이사를 할 형편도 안 되 아이들과 함께 이삿짐을 옮기다가, 내가 왼발을 크게 다쳐 응급차에 실려 가는 사고가 일어났다. 그 사고 순간을 생생히 목격한 경건이는 큰 충격을 받았다.

게다가 내가 발이 다 낫기도 전에 목발을 짚고 일을 하러 가는 것을 보며, 아이는 가난한 현실에 뼈저린 서러움을 느낀 모양이었다. 퇴근하고 돌아와 아픈 다리를 끌고 집안일을 하는 나를 물끄러미 지켜보던 경건이가 갑자기 말했다. "엄마, 조금만 더 참아요. 내가 변호사가 되어서 돈을 많이 벌 거예요. 그러면 엄마가 다시는 돈 때문에 힘들지 않도록 해 줄게요."

마침내 경건이가 변호사가 되겠단다. 하지만 이유가 가당찮다. 돈 때문에 변호사라니. 제아무리 좋은 직업이라도 그런 이유에서라면 결사반대다.

내가 두려운 것은 경건이가 가난하게 사는 것이 아니라, 헛된 것을 좇아 어리석은 인생을 사는 것이다. 아이가 두 번 다시 그런 멍청한 생각을 하지 않도록 못을 박아야 했다. "너희가 원하지도 않는 일을 하면서 돈을 벌어다 주면 엄마가 행복할 거라고 생각하니? 엄마는 너희들이 스스로 원하는 일을 하면서 행복하게 살기를 바라. 그게 바로 엄마를 위하는 일이야. 물론 너는 변호사가 되면 아주 잘할 수 있을 거야. 하지만 돈 때문이라면, 엄마는 정말 슬플 것 같아." 그 후로 경건이는 변호사가 되겠다는 말을 하지 않았다.

아이는 이후로 미래의 직업에 대해 제법 심각하게 고민했다. 두꺼운 직업백서까지 들여다보며 여러 직업의 장단점을 분석하기도 했다. 아이의 꿈은 좀 더 현실적으로 조정됐다. 건축가. 경건이는 수학과 과학을 잘하는 데다 창의적이고 예술적인 감각도 있어 고려해 볼만한 직업이었다. 그러나 건축업을 하자면 때로 로비 활동이 필요하다는 직업백서의 설명에 한참을 고민하더니, 결국 로비 활동이 적성에 맞지 않는다는 이유로 포기했다. 아이의 꿈은 다시 증권맨으로 바뀌었다. IMSA에서 경제 과목을 배우며 한 학기 동안 모의 주식 투자 대회를 했는데, 경건이는 거기서 2등을 했다. 그 과정에서 흥미도 느끼고 자신감도 생긴 모양이었다. 또 당시에 뉴욕 증권가가 활황을 누리던 때라 아이는 월스트리트로 가겠다고 했다. 재능도 있고 본인이 원하는 일을 찾았다니 다행으로 여겨졌다.

경건이는 듀크대학교 경제학과에 진학했다. 성적이 좋아 동급생의 공부를 돕는 또래 지도자(Peer Tutor)로 발탁되었다가, 3학년 때부터 수업 조교로 임명되었다. 스스로 공부하고 연구하는 IMSA의 저력이 대학에서 빛을 발한 것이다.

1학년 과정이 끝날 무렵, 경건이는 내게 물었다. "엄마, 예일대학으로 편입할까 하는데, 엄마는 어떻게 생각해요?" "듀크에서 충분히 인정받고 재미있게 잘 다니고 있는데, 꼭 학교를 옮겨야겠니? 학교를 옮겨서 다시 적응하려면 그만큼 또 힘들지 않겠어? 혹시 지금 다니는 학교에 뭔가 마음에 안 드는 점이 있는 거니?" "그건 아니에요. 지금도 충분히 재미있고, 교수님과 친구들과도 잘 지내고 있어요. 단지 지금 편입 신청을 하면 예일에 갈 수도 있을 것 같아서요." 경건이는 듀크에서도 최상위권이었고, 전액 장학금에 생활비까지 지원받고 있었다. 그러다 보니 좀 더 높은 목표와 자신감이 생겼던 것이다. "그래. 너는 예일에 가서도 잘할 수 있을 거야. 하지만 엄마는 대학 생활을 즐기는 것도 아주 중요하다고 생각해. 듀크도 충분히 훌륭한 학교야. 지금은 여기서 열심히 공부하고, 예일은 대학원으로 지원해 보는 게 어떨까?" 아이는 그것도 좋은 생각이라며 흔쾌히 수긍했다.

얼마 후 아이는 다시 조기 졸업에 대해 고민하며 내 의견을 물었다. "음, 조기 졸업을 하는 게 어떤 이득이 있는가를 생각해 봐야겠지? 근데 너는 장학금으로 학교를 다니고 있으니 군이 빨리 졸업해야 할 이유는 없지 않니? 나라면 조기 졸업보다는 좀 더 많은 것을 배우는 기회로 삼을 것 같은데, 어때?" 아이는 조기 졸업보다는 전공과목을 하나 더 선택하는 쪽으로 결정했다. 정치학이었다. 이 두 번째 전공이 경건이의 인생에 얼마나 큰 영향을 미칠지를 그때는 알지 못했다.

경건이가 IMSA 11학년 때 시카고대학 로스쿨 교수 버나드 하코트 박사의 지도 아래 친구들과 함께 사회학 분야의 논문을 쓴 적이 있었다. 학교에서 연구 수업의 일환으로 학생들이 관심 분야에 대해 연구할 수 있도록 관련 분야의 전문가를 연결시켜 준 것이다. 그러한 인연으로 그 해 여름방학 동안 하코트 교수의 저서를 집필하는 데 참여하여 자료를 정리하고 편집도 돕게 되었다. 하코트 교수는 경건이가 듀크대학에 진학한 후에도 매년 여름방학 때마다 경건이를 연구 조교로 고용해 함께 일을 했다.

하코트 교수와의 관계가 돈독해지는 만큼 법학 분야에 대한 아이의 관심도 커져 갔다. 아이는 하코트 교수와 일하는 것을 아주 즐거워했다.

"법학 쪽 일이 재미있니?" 하고 물었더니 아이는 고개를 끄덕였다. "요즘 하코트 교수님의 범죄 심리에 관한 집필을 돕고 있는데, 범죄 관련 자료를 수집하고 정리하는 일이 정말 흥미로워요."

아이의 진로에 대해 다시 한 번 대화를 시도해도 되겠다는 생각이 들었다. "그게 그렇게 재미있다면, 법학을 공부해 보는 건 어떠니?" 아이도 그에 대해 긍정적으로 생각하고 있었다. "네, 그래서 저도 로스쿨에 진학할까 생각 중이에요." "예전처럼 돈 때문에 선택하는 거라면 엄마는 지금도 반대야. 하지만 네가 정말 흥미를 가지고 즐거워하는 일이라면 대찬성이야. 네가 그 일을 잘 해내리라고 엄마는 확신하거든." "돈 때문이 아니에요. 교수님과 일하다 보니, 법학이 정말 재미있다는 것을 알게 되었어요."

아이는 먼 길을 돌아 이제야 제자리를 찾은 듯했다. 그러나 졸업반이 되자 아이는 다시 로스쿨 진학을 망설였다. 당시 남편은 한국에서 시간강사로 일하고 있었고, 나는 아이들과 미국에 남아 내리 고3인 세 아이를 건사하며 홈스테이로 생활하고 있었다.

어느 날, 경건이에게서 전화가 왔다. "엄마, 저 취직할래요." "응? 무슨 말이야?" "학교에서 취업 박람회가 열렸는데, 나라면 지금 바로 취직해도 꽤 높은 연봉을 받을 수 있대요. 그래서 취직을 할까 해요." "로스쿨에 가겠다며?" "박람회에 가 보니 취업을 해도 나쁘지 않겠더라고요." "로스쿨에 가고 싶은 마음은 없어진 거니?" 경건이는 그 말에 대답을 하지 못했다. 거짓말을 못하는 아이였다. 속 깊은 아이의 마음이 뻔히 들여다보였다. 아이는 엄마의 짐을 덜어주고 싶었던 것이다. 눈시울이 뜨거워졌다. "경건아, 엄마 때문에 그런 거라면 다시 생각해 봐라. 네가 엄마를 생각하는 마음은 잘 알아. 하지만 네가 가난한 부모 때문에 꿈을 포기한다면, 엄마는 정말 비참할 거야. 나는 너희들이 좋아하는 일을 하며 행복하게 살았으면 좋겠어. 그게 엄마의 꿈이야. 엄마를 정말로 위한다면 네가 정말 하고 싶은 것을 해." 가만히 듣고만 있던 아이가 천천히 대답했다. "알았어요. 로스쿨에 갈게요." 아이는 취업을 포기했다.

로스쿨에 진학하기로 마음을 먹은 경건이에게 날개를 달아 준 것은 두 번째 전공인 정치학이었다. 경건이는 가난하고 소외받는 사람들의 인권에 대해 관심을 갖기 시작했다. 가난한 이민자들이 열악한 환경에서 노동 착취, 저임금, 임금 갈취, 학대 및 폭행, 인신매매 등으로 절망 속에 체념하고 사는 데 대해 아이는 분노했다. 그 분노는 행동으로 이어졌다. 경건이는 듀크대학에서 노동 착취를 반대하는 비정부 단체 지부를 결성했다. 경건이의 정치학과 졸업 논문은 '인신매매에 대한 국가의 대응책'이었다.

아이는 꿈이 사라져 버린 사람들이 꿈을 지켜 갈 수 있도록 돕는 인권 변호사가 되기를 원했다. 특히 조직적인 인신매매와 같은 강력 국제 범죄에 대해 연구하고 싶어 했다. 아이는 이제 로스쿨 진학이라는 구체적이고 확실한 목표를 갖고 나아갔다.

1월이 되자 하버드 로스쿨에서 수시합격 통보가 날아왔다. 그러나 경건이는 하버드보다 예일에 가고 싶어 했다. 하버드 로스쿨은 철저한 훈련으로 훌륭한 일꾼을 만드는 데 반해, 예일 로스쿨은 창의적인 교육으로 생각하는 지성인을 키우는 데 주력했다. 그래서 하버드 로스쿨 졸업생들은 기업 변호사로 진출하는 경우가 많고, 예일 로스쿨 졸업생들은 법조인 뿐 아니라 정치, 교육, 사회, 문화 등 다양한 직종으로 진출하는 경우가 많다. 경건이가 예일 로스쿨에 가고 싶어 하는 것은 당연한 일이었다.

"인권법 전문 법대교수가 꿈"
최근 하버드대 로스쿨 합격한 임경건군

로젤타운에 거주하는 임용섭(45, 한국총신대 재직)씨와 임경이(44)씨 부부의 3남 1녀중 장남인 임경건군(22, 듀크대 경제학과/정치학과)이 최근 명문 하버드대 로스쿨로부터 합격통지를 받았다.

임경건군은 고등학교(IL 수학·과학고) 재학 중 연구논문을 쓰면서 멘토로 만났던 버나드 하코트 시카고대 법대교수의 연구보조로 일을 하다가, 대학에 들어가면서부터 본격적인 연구조교로 선발돼 여름방학 마다 매주 20~30시간씩 범죄관련 자료를 수집, 정리하고 하코트 교수가 출간하는 책을 편집하는 일을 하면서 법학에 깊은 관심과 흥미를 갖게 됐다고 한다. 그는 "정치학 졸업논문으로 '인신매매에 대한 국가의 대응책'이라는 논문을 쓸 정도로 국제인권법에 관심이 많다"며 "향후 인신매매와 같은 강력 국제 범죄에 대한 해결책을 연구하는데 노력할 것"이라고 말했다.

"미래에 대한 꿈을 가지고 '기회의 나라'를 찾아 머나먼 타국에 온 사람들이 성공하여 꿈을 이룬 케이스도 있지만 열악한 환경 속에서 노동착취, 저임금, 임금갈취, 학대 및 폭행, 인신매매 등의 희생자로서 절망 속에 체념하고 살아가는 사람들도 많습니다. 남은 꿈조차 사라져버린 그 희생자들이 꿈을 유지할 수 있도록 싸우는 인권변호사 겸 법대교수가 되는 것이 꿈입니다."

실제로 지난해 듀크대학내 노동착취를 반대하는 비정부단체 지부를 결성하기도 했다는 임군은 "돈이 없어 자신을 변호하지 못하는 사람들, 특히 가난한 이민자들을 위해 일하고 싶다"고 전했다.

〈김용환 기자〉

하버드에 이어 컬럼비아 로스쿨에서는 전액 장학금을 제공하겠다는 제안이 들어왔다. 그리고 하코트 교수가 재직 중인 시카고 로스쿨에서도 합격 통지서가 왔다. 경건이의 추천서를 써 주었던 하코트 교수는 꼭 시카고 로스쿨로 와야 한다며 으름장을 놓았다. 하버드 로스쿨 출신인 하코트 교수는 경건이가 하버드에 가는 것도 용서하지 않겠노라 했다. 단, 경건이의 비전을 고려해 예일 로스쿨에 간다면 시카고 로스쿨을 포기해도 용서하겠다는 단서를 붙였다.

4월이 되자 마침내 예일 로스쿨로부터 연락이 왔다. 하코트 교수에게는 불행한 소식이었다.

사교적이고 사람을 잘 돌보는 아이, 사랑

아이를 돌보는 사랑이의 능력은 승리가 태어난 이후 점점 더 뚜렷하게 드러나기 시작했다. 특히 사랑이가 글을 읽게 된 후에는 바쁜 엄마를 대신해 동생들에게 책을 읽어 주는 일을 도맡아 하다시피 했는데, 그때까지도 나는 단순히 '이래서 첫 딸은 살림 밑천이라고 하는가 보다.'라고 생각했다. 그런데 유치원에 갓 들어간 승리가 어느 날 글씨를 읽는 걸 보고 깜짝 놀라 물었다. "승리야, 누가 책 읽는 거 가르쳐 줬어?" "누나!" 믿을 수가 없었다. 어린아이에게 글을 가르치는 일은 엄마들에게도 그리 쉬운 일이 아닌데, 겨우 2학년짜리 여자아이가 동생에게 글을 가르치다니! 그제야 사랑이가 남다른 재능을 가지고 있다는 사실을 깨달았다.

사랑이는 천성적으로 가르치는 것을 좋아했다. 내게 배운 종이접기나 공작 놀이를 친구들에게 가르쳐 주고 싶어 친구들을 떼로 집에 데려오기도 했다. 심지어 내게 직접 학교에 와서 일일교사가 되어 반 친구 모두에게 가르쳐 달라고까지 했다. 어눌한 서바이벌 영어로 말이다.

우리 아이들은 당시 다니던 초등학교의 유일한 한국인이었다. 사랑이는 친구들에게 늘 한국에 대해 알려 주고 싶어 했다. 학교에서 세계 문화 축제라도 열리는 날에는 누가 시키지 않아도 한국 음식을 만들어 오겠다고 자원했다. 나는 안 그래도 일이 넘쳐났지만, 친구들과 선생님에게 한국을 소개할 생각으로 잔뜩 들떠 있는 아이의 천진난만한 얼굴을 보며 지친 몸을 끌고 멀리 떨어진 한국마켓으로 달려갔다. 내가 음식을 만드는 동안 사랑이는 친구들에게 설명해 주기 위해 레시피를 일일이 기록하곤 했다.

가르치기를 좋아하는 사랑이는 우리나라의 비공식 외교관이었다. 추석이 되면 나는 미국에 있으면서도 아이들과 함께 송편을 빚었는데, 그때도 사랑이는 미국 친구를 데려 와서 함께 송편을 빚으며 추석에 대해 알려 주었다.

한국에서 대학에 다니던 사촌 오빠가 방문했을 때는 며칠 전부터 친구에게 한국말을 가르쳤고, 이렇게 인사하라고 알려 주기도 했다. "오빠, 안녕하세요? 오빠, 참 잘생겼어요!"

사랑이가 5학년 때 있었던 일이다. 학교에서는 고학년 아이들이 유치반에 가서 어린아이들을 돌봐 주는 시간이 있었는데, 거기에서도 사랑이의 활약은 단연 눈에 띄었다. 그것을 본 사랑이의 담임선생님은 사랑이를 자기 아이들의 베이비시터로 고용했다. 성인 베이비시터를 고용할 때

만 세 살도 안 된 사랑이가 승리를 돌보는 모습.
다른 아이들은 자기 적성 분야를 찾고 깨닫는 데 오랜 시간이 걸렸지만,
사랑이의 가르치고 돌보는 재능은 어릴 때부터 눈에 띄었다.

주는 임금을 다 주고서 말이다.

그 이듬해, 교회에서 초등부 주일학교 교사로 봉사하던 대학생이 여름 방학을 맞아 집에 돌아가게 되었다. 그런데 세 달가량 임시로 그 반을 맡아 줄 교사를 구할 수가 없었다. 할 수 없이 영유아반을 맡고 있던 내가 그 자리를 메우기로 하고, 영유아반은 사랑이에게 부탁을 했다. "사랑아, 영유아반 아이들을 맡아서 가르쳐 볼래? 여섯 명의 아이들의 선생님이 되는 거야." "선생님이요? 아이들과 놀아 줄 수는 있지만, 내가 어떻게 선생님을 해요?" "활동 자료들이며 가르쳐야 할 것들은 엄마가 다 알려 줄게. 넌 엄마가 알려 준 대로 가르치고, 또 돌보면 돼. 너라면 충분히 할 수 있을 거야." 그 말에 아이는 망설임 없이 대답했다. "엄마가 도와준다면 해 볼게요."

세 달 후, 내가 다시 영유아반으로 돌아가려 했을 때, 나는 그 반에 다른 선생님이 필요 없다는 사실을 깨달았다. 처음에 아이들은 사랑이를 '세라'라고 불렀지만, 지금은 아이들은 물론이고 부모들까지도 모두 사랑이를 '선생님'이라고 부르고 있었다. 아이들은 주일학교가 모두 끝나고도 사랑이를 졸졸졸 따라다녔고, 어쩌다 우리 가족이 일찍 집으로 가는 날에는 사랑이가 사라질 때까지 현관에 서서 손을 흔들곤 했다. 이런 모습은 내가 선생님으로 있는 동안에도 볼 수 없는 풍경이었다.

이렇게 어렸을 때부터 뚜렷하게 드러난 적성대로 사랑이는 자연스럽게 아이들을 가르치고 돌보는 길을 택했다. 책을 읽고 또 글쓰는 것을 즐기는 사랑이는 영문학을 선택했다. 그리고 심리학을 또 하나의 전공으로 선택해 지금은 상담 교사가 되겠다는 꿈을 위해 성실히 걸어가고 있다.

꼼꼼하고 남다른 관찰력을 가진 아이, 화평

화평이는 어려서부터 착하고 예의 바른 아이였지만, 특별히 똑똑하지는 못했다. 동생에게도 치이다 보니 자신감도 부족하고 툭하면 눈물을 쏟았다. 하지만 끈기와 집중력, 섬세하고 예리한 관찰력은 형제들 가운데 가장 뛰어났다.

어린 시절 화평이의 취미는 쓰레기 수집이었다. 길을 가다가 조금만 특이한 모양의 나뭇가지나 돌멩이, 쇳조각 따위를 발견하면 신기한 걸 찾았다며 흥분하곤 했다. 그래서 우리 집에는 화평이가 모셔 온 귀한 쓰레기들이 넘쳐났다. 안 그래도 좁은 집이 더 복잡해져 정신이 없었지만 아이에게는 보물과도 같은 것들이라 함부로 버릴 수도 없었다. 아이가 좀더 자라자 상황은 나아졌다. 여전히 귀한 쓰레기들은 꾸준히 집으로 모셔 왔지만, 특유의 꼼꼼함을 발휘해 상자 안에 가지런히 정리했던 것이다. 그것은 아이에게는 '보물 상자', 내게는 '고물 상자'였다.

화평이는 사소한 일에서도 참으로 신중했다. 집집마다 잔디가 있는 미국에서는 민들레가 잡초로 여겨졌다. 우리는 강인한 생명력을 가진 민들레를 민초라고 부르며 귀히 보지만, 미국에서는 잔디밭을 망치는 골칫덩어리일 뿐이다. 가지런한 잔디밭에 삐죽삐죽 솟은 민들레를 없애기 위해 사람들은 약을 쳤다. 하지만 나는 아이들이 뒹굴며 노는 곳에 약을 뿌리고 싶지 않아 일일이 뽑아냈다. 때로 아이들과 함께 민들레를 뽑기도 했는데, 민들레는 워낙 뿌리가 깊어 쉽게 뽑히지가 않아 칼이나 도구를 사용해 뿌리 중간쯤을 잘라 내곤 했다. 하지만 화평이는 그렇게 하지 않았다. 마치 심마니가 산삼을 캐듯 신중하게 뿌리 끝까지를 캐냈다. 산삼이라면 정말 제값을 받겠는데 할 정도로 말이다.

가족들과 캠핑을 가서 텐트를 치고 접을 때도 화평이의 꼼꼼함과 섬세함이 드러났다. 텐트를 고정했던 팩을 빼내면 솔로 흙을 꼼꼼히 털어 내며 이리저리 살펴보곤 했다. 그 모습은 마치 고고학자가 발굴해 낸 뼈에서 흙을 제거하는 것 같았다. 그럴 때마다 우리는 화평이에게 "공룡 뼈라도 찾은 거야?" 하며 우스개를 하곤 했다.

많은 사내아이가 그렇듯, 화평이도 공룡이나 멸종 동물에 관심이 많았다. 다행히 시카고에는 세계적인 자연사 박물관인 필드 뮤지엄(Field Museum of Natural History)이 있어 아이의 관심사를 충족시켜 줄 기회를 가질 수 있었다. 당시 필드 뮤지엄에는 가장 완벽한 상태로 보존된 티라노사우루스 렉스 공룡 쑤(Sue)의 발굴 전시회가 열리고 있었다. 필드 뮤지엄은 복원된 공룡뿐 아니라 고고학자들이 실제로 일하는 모습도 보여 주는데, 관람객들은 그들이 어떤 도구를 가지고 어떻게 일하는지를 유리창 너머로 볼 수 있었다. 돌덩이처럼 단단해진 흙 속에 묻힌 뼈들을 기계나 도구를 이용해 스케일링하듯 섬세하게 이물질을 제거하는 모습이었다. 그런데 워낙 꼼꼼하게 하는 일이다 보니 지켜보는 사람은 이내 지루해진다. 그러나 화평이는 그 모습을 꽤 오래도록 주의 깊게 보았다. 또 도서관에서 공룡과 멸종 동물에 관한 책을 꾸준히 빌려와 섭렵하기도 했다. 당시 화평이의 꿈은 고고학자였다.

그러나 고고학에 대해 더 많이 알아갈수록 아이의 꿈은 고고학자에서 멀어졌다. 아이는 평생토록 땅 속 깊이 묻혀 있는 죽은 동물의 뼈를 찾아다니는 것을 원하지 않았다. 뭔가 새로운 것을 발견하고 섬세하게 복원하는 일에 매력을 느꼈을 뿐이었다.

화평이의 관심은 땅 속 깊이 묻혀 있는 멸종 동물에 국한된 것이 아니었다. 아이는 살아 있는 동물에도 관심이 많았다. 한동안 공룡에 관한 책을 읽어대던 아이는 점차 지구상의 온갖 동물을 소개하는 동물도감으로 관심을 넓혀 갔고, 이어 식물에까지 관심을 갖게 되었다. 이렇듯 자연에 있는 모든 생물에 관심을 갖는 화평이를 아이들은 '자연의 소년'(Nature boy)이라고 불렀다.

한번은 내게 빈병을 달라더니 수많은 애벌레를 잡아온 적이 있었다. 내가 벌레를 보고 기함을 하자, 아이는 나를 달래듯 말했다. "엄마, 이건 벌레가 아니라 애벌레예요." "애벌레가 벌레지 무슨 말이야?" "이건 나비가 될 거예요. 나비!" 화평이는 내가 기어 다니는 벌레를 싫어한다는 것을 잘 알고 있었다. 하지만 아이에게 애벌레는 벌레가 아니었다. 아이는 그 속에 있는 나비를 보고 있었다.

그 무렵, 화평이는 크리스마스 선물로 라디오 조립 세트를 선물받았다. 아이는 열심히 전선을 감고 나사를 조이며 라디오를 완성했다. 라디오에서 소리가 흘러나오자 아이의 얼굴에는 희열이 넘쳤다. 그 후 화평이의 관심은 기계나 실험 등 과학 분야로 옮겨 갔고, IMSA에 견학을 갔을 때 다양한 실험실과 실험 도구들에서 눈을 떼지 못했다. 다시 아이의 꿈은 과학자로 발전했다.

섬세한 화평이는 관찰력도 뛰어났다. 한번은 화평이가 평소보다 늦은 시간에 귀가를 했는데 아이의 손에 돈이 들려 있었다. "무슨 일 있었니? 웬 돈이야?" "어떤 할머니가 줬어요. 괜찮다고 하는데도 자꾸만 주셔서······." "모르는 분이 왜 너한테 돈을 줘? 그냥 주셨단 말이야?" "그건 아니고, 내가 친구들이랑 같이 할머니 차에 스페어타이어를 갈아줬거든요. 타이어에 바람이 빠져서 난처해 하시길래······."

화평이는 그때 6학년이었다. 나는 깜짝 놀랐다. "그래서 네가 스페어타이어를 갈았단 말이야?" "네, 혼자는 힘드니까 친구들한테 도와 달라고 해서 같이 했어요." "어떻게? 너 타이어 갈 줄 모르잖아." "예전에 아빠가 하는 거 봤어요. 생각해서 그대로 했더니 됐어요." 아이의 예사롭지 않은 관찰력에 남편은 고개를 흔들며 말했다. "무서운 녀석이네!"

화평이는 무슨 일을 하든지 기대 이상의 꼼꼼함을 발휘했다. 미국에 사는 동안 꽤 여러 번의 이사를 했는데, 한번은 남편이 화평이에게 조립품인 책장을 분리하라고 시켰다. 아이는 깔끔하게 분해해서 정리해 놓았다. 새 집에 도착해 다시 조립을 하려던 남편은 화평이가 책장 부품에다 스카치테이프로 붙여 놓은 종이를 발견했다. 각 부품에 번호를 매기고 그 번호가 가야 할 위치를 그림으로 꼼꼼하게 그려 놓은 조립 설명서였다. 나사들 역시 필요한 자리에 스카치테이프로 붙여져 있었다.

그걸 본 남편이 웃으며 말했다. "화평이는 의사가 되면 정말 수술을 잘하겠다. 속에 있는 거 다 꺼냈다가도 다시 완벽하게 제자리에 집어넣을 것 같아." 그러자 아이들이 맞받아쳤다. "아빠같이 물건을 잘 못 챙기는 사람이 수술하면 큰일 나겠네?" "맞아! 수술이 끝났는데 가위가 안 보일 수도 있어. 아빠라면 충분히 가위를 뱃속에 집어넣고 그냥 꿰매 버릴 수 있다니까." "아빠가 의사가 안 된 게 정말 다행이지?" 한바탕 웃음꽃이 피었다. 그때 화평이는 그 말을 귀담아들었던 걸까? 그즈음 화평이는 의사를 꿈꾸기 시작했다.

시카고는 박물관의 도시라고 불린다. 다양한 박물관이 가까이에 있다는 것은 부모로서 참 감사한 일이다. 그런데 더 고마운 사실은 많은 박물관이 주중 하루는 무료라는 것이다. 가난하고 식구도 많은 우리 집에는 더없이 큰 혜택이었다.

나는 어느 도시로 여행을 가든 그 지역의 박물관을 꼭 들렀는데, 그 이유는 단지 지식 때문만이 아니었다. 그곳에서 나는 전시물보다도 아이들을 유심히 관찰하며 각각의 관심사를 살폈다. 따라서 박물관의 규모나 명성도 중요하지만, 되도록 다양한 분야의 박물관을 방문하려고 노력했다.

화평이는 박물관에서 인체 해부도나 인체 내 장기에 대한 지식들을 꼼꼼히 보았다. 그러나 내가 보기엔 이전에 관심을 가졌던 것들에 비해 특별할 것이 없었다. 게다가 관심 있는 분야가 생기면 도서관에서 몽땅 책을 빌려 오던 아이가, 의학 관련 서적은 그다지 빌려 오지 않았다.

그런데 화평이가 중학교에 다닐 무렵 황우석 사태가 벌어졌다. 우리는 아이들에게 사회적 이슈에 대해 이야기하고, 때로는 깊이 있는 토론을 하곤 했다. 과학계의 떠오르는 샛별이었던 황우석 박사가 과학계 최고의 스캔들 메이커로 전락하기까지, 황우석 박사는 한동안 우리 집에서도 뜨거운 화젯거리였다. 그 불행한 사태 속에 화평이는 줄기세포 연구와 같은 생명의료공학의 현주소를 접하게 되었다. 불치병을 치료할 수 있는 신약 개발이라는 것은 아이의 흥미를 강하게 자극했다. "치료하는 의사가 아니라 치료 방법을 찾는 의사가 되고 싶어요." 아이의 목소리에는 생기가 넘쳤다.

아이는 마침내 정말 원하던 것을 찾은 것 같았다. 나 역시 아이의 말을 듣는 순간, 뿌연 안개가 걷히는 듯했다. 이제까지 화평이의 관심 분야가 너무 산만하다고 생각했었는데, 비로소 모든 것이 하나로 연결된 것이다.

섬세한 관찰력과 꼼꼼한 성격을 가진 화평이는 실질적이고 광범위하게 사람들을 도울 수 있는 일을 하고 싶어 했다. 그래서 실생활에 적용 가능한 발명가나 과학자가 되고 싶어 했던 것이다. 의사가 되겠다는 것은 아픈 사람을 돕고 싶은 마음에서였다. 하지만 자연계와 생물에 대해서도 지속적인 관심이 있었다. 이 모든 것을 조각조각 떼어놓고 생각하니 너무도 막연했는데, 마침내 흩어져 있던 조각들이 하나의 퍼즐로 완성되었다. 과학과 의학 그리고 사람들에게 실질적인 도움을 줄 수 있는 일, 그 모든 것을 합한 것이 바로 생명의료공학이었다. 아이는 마침내 자기가 해야 할 일이 무엇인지 깨달았고, 예일대학 생명의료공학과에 진학했다.

화평이는 진학 후 연구소에 들어가 시간당 11불을 받고 뇌세포에 관한 연구 프로젝트에서 아르바이트를 했다. 아이는 세포의 변화를 민감하게 관찰하고, 또 사진을 찍어 꼼꼼하게 기록했다. 프로젝트가 끝나고 논문을 발표할 때 담당 교수는 화평이를 공동 저자로 올렸다. 프로젝트에는 석박사 과정의 학생들도 참여했었는데, 화평이는 그중에서도 가장 어린 대학 1학년에 불과했다.

아이는 그 소식에 거의 울 뻔했다. 나 역시 내 귀를 의심했다. "공동 저자라고? 혹시 저자 서문에 네 이름이 언급되었다는 거 아니니?" 아이는 웃으며 말했다. "엄마, 저자 서문이 아니고 겉표지에 저자로서 내 이름이 올라간다니까요. 논문에 실린 사진의 70%가 내가 찍은 거예요!"

그 논문은 세계적인 《신경과학저널》(*The Journal of Neuro-science*; October 26, 2011)에 기고되었다. H. David Lim이라는 화평이의 이름은 연구자인 브라이언 래쉬(Brian G. Rash) 예일대 교수 바로 다음에 쓰여졌다. 공동 연구 논문의 경우, 연구에 공헌한 정도에 따라 저자의 순서가 배열된다고 한다.

모험을 즐기는 당당한 아이, 승리

최후의 승리! 막내 승리는 그 이름처럼 기상이 드높은 아이다. 겁도 없고 모험심이 강하며 새로운 장소에서 새로운 사람을 만나도 금세 친구로 만들어 버린다. 그런데 이렇게 진취적이고 활발한 아이가 정작 고등학생이 되도록 자신이 무얼 하고 싶은지, 무엇이 되고 싶은지 감도 못 잡고 있었다.

초등학교 고학년이 되도록 꿈이 없다는 것은 본인 스스로도 고달픈 노릇이었다. 한번은 선교사가 되겠다고 했다. 그러나 종교적인 소명에서가 아니라 선교사가 해외에 나가 일하는 게 좋아보였던 모양이다. 아이는 다시 파일럿이 되고 싶다고 했다. 하지만 여기저기 날아다니는 게 좋아 보인다던 이 꿈도 곧 흐지부지해졌고, 아이는 장래희망 이야기만 나오면 심란해 했다.

그러나 승리에게는 다른 형제들과는 다른 독특한 점이 있었다.

미국에서는 아이들의 경제관념을 기르기 위해 스스로 돈을 벌게 하는 경우가 많다. 심지어 학교에 들어가면 기부금 모금을 위해 물건을 팔아 오라고 시키기도 한다. 그래서 어린아이들이 레모네이드나 사탕, 쿠키

등을 파는 모습을 심심찮게 볼 수 있다.

승리가 만 네 살 때, 내게 레모네이드를 만들어 달라고 했다. 먹겠다는 게 아니라 팔겠다는 거였다. 솔직히 내키지 않았다. 그동안 레모네이드를 파는 아이들을 많이 보았지만, 한국 엄마인 나의 눈에는 그저 딱해 보이기만 했다. 미국의 교외 주택가에서는 사람들이 대부분 자동차로 이동하기 때문에 길거리에 오가는 사람이 많지 않다. 간혹 산책이나 조깅을 하는 사람들만 있을 뿐이라 길거리에서 장사를 하기에는 여건이 좋지 못했다. 그런데도 기어이 해 보겠다는 것이다. 아이의 호기심 어린 눈빛에 무조건 안 된다고 할 수 없어 레모네이드와 컵을 준비해 주었다.

승리가 레모네이드를 팔겠다고 하니까 다른 아이들도 호기심에 따라나섰다. 아이들은 뙤약볕에도 아랑곳하지 않고 사람이 보이기만 하면 "레모네이드~!"를 목청껏 외쳤다.

나는 거실 창으로 그 모습을 내다보며 가슴을 졸였다. 한 잔에 10센트, 겨우 100원 정도였다. 용돈벌이도 안 될 뿐더러 뜨거운 햇볕 아래서 너무 수고스러운 일이었다. 역시나 큰 아이들은 수지가 안 맞는다는 걸 알고 하나둘 집으로 들어왔다. 하지만 승리는 여전히 "레모네이드~ 레모네이드!"를 외쳤다.

승리는 몇 시간이 지나 겨우 열서너 잔을 팔고 들어왔다. 나는 아이가 오후 내내 고생하며 시간을 허비한 것 같아 속이 상했지만, 아이는 전혀 실망한 기색 없이 내일 장사를 기대하고 있었다. 세상에, 내일도 이 일을 하겠다는 것이다. 레모네이드로는 부족해서 캔 음료 등으로 사업(?)을 확장해 가면서 말이다.

그해 크리스마스, 아이들에게 전자 게임기와 소프트웨어가 생겼다. 아이들의 친구가 최신 게임기가 생겨 우리 아이들에게 물려준 것이다. 아이들은 신이 났다. 그런데 1년이 지나고 2년이 지나도 새로운 소프트웨어를 사달라는 얘기를 하지 않는 것이다. 나는 그저 같은 게임을 계속해도 재미있나 보다라고 생각했다. 그런데 그게 아니었다. 지겨울 만하면 새로운 소프트웨어로 물물교환해 오는 승리 덕에 아이들은 늘 새로운 게임을 하고 있었던 것이다.

초등학생이 된 승리는 학교 기부금 마련을 위해 물건을 팔게 되었다. 보통 이런 경우는 일가친척이나 지인, 친구들을 대상으로 한다. 하지만 우리는 미국에 일가친척이 하나도 없을 뿐더러 학교 기부금 마련 행사이기 때문에 친구들 역시 같은 입장이었다. 또 교회에서는 내가 물건을 팔지 못하도록 했기 때문에 사실상 기부금을 마련할 곳이 없었다. 그래서 다른 세 아이는 일찌감치 포기해 버리곤 했다. 기부금 마련이 학생들의 의무사항은 아니었기 때문에 사실 그래도 상관은 없었다.

하지만 승리는 달랐다. 목표액을 정하고 안면이 없는 이웃들을 가가호호 방문해서 물건을 팔았다. 조그만 동양인 아이가 하기에는 쉬운 일이 아니었지만, 신기하게도 꽤나 많은 물건을 팔아오곤 했다. 그리고 저녁이면 꼬불꼬불한 글씨로 쓴 주문장과 꼬깃꼬깃한 지폐의 금액을 맞추느라 끙끙거렸다. 누군가가 시켜서 하는 일이라면 정말 불쌍하기 짝이 없는 일이었다.

중학교 스포츠팀에 들어가서는 의무적으로 초콜릿이나 사탕을 한 상자씩 팔아야 했다. 그것은 기부금이 아니라 팀 가입비 및 유지비였기 때문에 팔지 못할 경우 돈으로 내야 했다. 친화력이 좋은 사랑이와 승리는 다른 아이들보다 훨씬 빨리 그 일을 해내곤 했다. 고등학교 때, 승리는 자기가 맡은 분량을 모두 팔고 친구들 것까지도 팔아 주었다. 그 사실을 안 수영팀 코치는 승리를 불러 흥정을 했다. "초콜릿을 더 팔아 볼래? 한 박스당 10불씩 줄게." "오케이!" 승리는 그런 일을 조금도 부담스러워하지 않았다. 그 뒤로도 몇 박스를 더 팔아 치웠다.

그런데 뜻밖에도 친구가 많은 사랑이가 초콜릿을 팔지 못해 고전을 하고 있었다. 의아해하는 내게 사랑이가 그 이유를 설명했다. "엄마, 중학교 때는 교실에서 초콜릿을 팔 수 있었는데, 지금은 교실에서 뭘 팔면 안 된대요. 그리고 수업이 끝나면 수영팀에서 훈련하고 밤늦게 집에 돌아오는데 내가 언제 어디에 가서 초콜릿을 팔겠어요?" 듣고 보니 그랬다. 그런데 승리는 사랑이와 같은 상황에서도 초콜릿을 잘 파는 게 신기해서 물었다. "승리야, 사랑이네 교실에서는 초콜릿을 팔면 안 된다는데, 너희 반은 괜찮은 거니?" "아니요. 우리도 선생님이 못 팔게 해요." "그럼 너는 도대체 어디서 파는 거야?" "교실에서요." "교실에서 못 팔게 한다며? 선생님 몰래 파는 거야?" "아니요. 나는 교실에서 선생님한테 먼저 팔아요."

승리는 교실에서 초콜릿을 팔지 못하게 하는 선생님을 판매 대상 1위로 삼았다. 수업을 마치고 출출해진 선생님에게 초콜릿을 먼저 팔았던 것이다. 일단 선생님에게 팔고 나면 문제는 간단했다. 기가 막힌 수완이었다.

승리의 장사 수완은 점차 학교의 울타리를 벗어나기 시작했다. 우리는 알뜰 바자회에서 프랑스어 교육용 CD를 5불에 구입해서 네 아이의 프랑스어 기초 과정을 마쳤다. 그 후 더 이상 쓸모없어진 그 CD를 까맣게 잊고 있었는데 승리는 그걸 인터넷 경매시장에 내놓아 50불에 팔았다.

인터넷은 아이의 관심 영역을 넓히는 장이 되었다. 우리는 아이들 공부에 필요한 책을 일단 도서관에서 찾았고, 도서관에 없는 책은 인터넷 중고서적 사이트에서 구매했다. 책 이외의 다른 물품들도 인터넷 시장을 주로 애용했다.

그런데 어느 날, 승리가 중고 물품을 사려고 여러 사이트를 검색하다가 말했다. "흠, 같은 물건도 이베이(www.ebay.com)보다 아마존(www.amazon.com)이 훨씬 비싸네. 그렇다면 이베이에서 사서 아마존에서 한 번 팔아 볼까?" 아이는 그런 식으로 별다른 자본도 없이 인터넷에서 장사를 시작했다. 때로는 물건의 차액이 100불 이상 되기도 했다. 승리는 그 정도로 팔릴 만한 물건을 고르고 저평가된 물건을 찾아내는 능력이 있었다.

하지만 더 중요한 능력은 생각을 행동으로 옮기는 용기와 추진력이었다. 승리가 생각해 내는 것은 아주 새롭거나 획기적인 일이 아니었다. 누구나 생각할 수 있는 일들이다. 다만 그 실천력이 남들과는 달랐다.

이만한 판단력과 결단력 그리고 용기와 추진력이라면 실제 비즈니스를 해도 잘할 수 있을 거라 생각되었다. 또 어려서부터 지속적으로 즐겨 오고 있지 않은가? 아이의 생각이 궁금했다. 하지만 승리는 내 생각에 동의하지 않았다. "엄마, 나는 비즈니스 같은 거 하기 싫어요." "왜? 다른 꿈이 있니?" "아니요." "그러니까 하는 말이야. 너는 어려서부터 물건 파는 걸 잘하고 재밌어 했잖아." "엄마, 그건 그냥 재미 삼아 한 거예요."

문제는 그 재미 삼아 하는 일을 너무 잘하고 또 적성에도 딱 들어맞는다는 것이다. 그런데도 한사코 비즈니스는 싫단다. 사실 승리가 비즈니스는 싫다고 한 것이 처음은 아니었다. 아이가 장래희망을 놓고 고민할 때마다 나는 비지니스에 대해 언급했다. 하지만 아이는 항상 아니라고 했다. "나는 장사하는 게 싫어요." 도무지 이해할 수가 없다. 물건을 팔 때면 눈이 반짝이고 생기가 도는 아이, 남보다 훨씬 수완이 좋은 아이인데 장사가 싫다니. 이런 모순이 있나. 하지만 본인이 싫다는데 강요할 일은 아니었다.

그러나 이제는 더 이상 어린아이도 아니고, 무조건 싫다는 것을 그냥 두고 볼 수만은 없었다. "달리 하고 싶은 것도 없다면서 왜 비즈니스는 싫다는 거야?" 그러자 아이는 예상치 못한 대답을 했다. "엄마, 나는 평생을 한 공간에서 지내야 한다는 게 너무 지루해요! 그렇다고 내가 여기저기 사업을 벌일만한 돈이 있는 것도 아니잖아요." 아하! 드디어 문제를 알았다. 아이가 비즈니스를 싫다고 한 이유는 편협한 지식 때문이었다. 비즈니스를 사무실에 앉아 고객을 상대하거나, 가게에서 장사하는 정도로만 생각했던 것이다. 아이에게는 광범위한 비즈니스 세계에 대한 지식이 필요했다. 일단 내 수준에서 전 세계를 대상으로 하는 해외무역에 대해 설명해 주었더니 아이의 눈이 점점 커지기 시작했다. 그리고 비즈니스에 대해 큰 관심을 보이기 시작했다.

비즈니스에 대한 선입견을 걷어내자 아이는 더 많은 것을 알아가게 되었다. 또 우연한 기회에 각 나라에 스타벅스 지점을 개설하는 사람을 만나 전 세계에 브랜드를 파는 국제 비즈니스에 대해 듣게 되었다. 아이는 흥분하며 말했다. "그게 바로 내가 원하는 일이에요!" 마침내 아이는 꿈을 만났다.

승리는 일리노이주립대학 어바나-샴페인에서 마케팅과 국제경영을 공부하고 있다. 승리가 만약 고등학교 때 인터넷 장사 같은 데 정신을 팔지 않고 공부만 했더라면, 아이비리그 수준의 대학에도 들어갈 수 있었을 것이다. 사실 승리도 화평이 못지않게 공부를 잘했다. 초등학교 6학년 때, 선생님의 건의로 학기 중간에 7학년으로 월반을 하기도 했고, 초우트 전액 장학생에 지원하기도 했다. 안타깝게도 '합격자 중 한 사람이 입학을 포기한다면 올 수 있다'는 대기자 1순위 통보를 받았지만 말이다.

만약 이런 아이가 공부는 안 하고 장사를 하겠다고 나서면 부모들 대부분의 반응은 크게 다르지 않을 것이다. "고등학생이 무슨 장사야? 그럴 시간에 공부를 해!" "세상은 그렇게 만만하지가 않아. 장사는 쉬운 줄 아니?" "일단은 공부부터 하는 거야!" 나 역시 마찬가지였다. 그런 말이 목구멍까지 올라온 적이 한두 번이 아니었다. 승리는 내셔널 메리트 스콜라십에서도 간발의 차로 떨어졌다. 학교 성적도 너무 아쉬운 차이로 B+를 받아 오는 경우가 있었다. 그럴 때마다 인터넷에서 이것저것 뒤지고 있는 아이를 보면 그 시간이 아까워서 견딜 수가 없었다. 하지만 내가 끝까지 조바심을 누르고 아이를 지켜볼 수 있었던 것은, 아이비리그에 가는 것보다 본인의 진로에 대해 확신을 갖는 것이 더 중요하다고 믿었기 때문이다. 나는 아이들이 행복하기를 바랐다. 그러기 위해서는 적성에 맞는 진로를 선택하는 것이 무엇보다 중요했다. 아인슈타인은 말했다. "만약 어떤 정신 교육이 아이의 영혼과 개성을 망각했다면 그것은 헛된 것이다."

실패를 통해
성장하는 아이들

모든 과정이 인생이다

경건이는 IMSA에 들어가기 위해, 대학에 진학하는 것처럼 SAT 시험을 준비하고 에세이를 쓰는 등 많은 시간의 공을 들였다. 학교를 다니면서 스포츠 훈련 및 대회를 마치고 돌아와서도 숙제를 하고, 그 후 밤늦도록 혼자 모든 것을 준비한 것이다. 아이의 그런 노력이 기특했지만, 또 한편으로는 걱정도 되었다. "경건아, 만약 IMSA에 가지 못하면 이렇게 수고한 시간들이 참 아깝고 그렇겠다. 그치?" "아니에요. 이건 아주 좋은 경험이에요. 이렇게 진학 서류를 준비해 보니까 대학 진학을 위해서도 무엇을 준비해야 할지 확실히 알겠어요."

경건이는 다행히 IMSA 합격했다. 그러나 IMSA 진학에 실패했다고 해도 아이는 잃은 것보다 얻은 것이 더 많았을 것이다. 가장 중요한 것은 수

업 태도의 변화였다. 아이는 그동안 수업 태도가 소극적이다 못해 무심
해 보이기까지 했다. 그런 모습은 선생님들에게 좋은 인상을 주지 못했
다. 학부모 면담에서 만난 한 선생님은 경건이의 그런 태도를 오만하다
고 생각하고 있었다. 선생님의 말에 따르면, 수업 시간 중 경건이는 어떠
한 반응도 보이지 않는다는 것이다. 교사의 입장에서는 수업 후 학생들
의 반응이 아주 중요했다. 이해를 한 것인지 아닌지, 충분히 가르친 것인
지 좀 더 설명을 필요로 하는 것인지 알아야만 했다. 그래서 성적이 가장
좋았던 경건이를 지목해 수업 내용에 관한 질문을 던지면, 아이는 그때
마다 정확한 대답을 하더란다. 그렇게 다 이해했음에도 불구하고 수업
중에는 아무 반응도 보이지 않으니, 교사는 경건이가 자신을 무시한다고
오해했던 것이다. 하지만 경건이는 단지 잘난 척을 하거나 튀어 보이는
게 싫었을 뿐이다.

다행히 선생님이 그런 생각을 솔직히 나누어 주어 오해를 풀 수 있는
기회를 갖게 되었다. 나는 경건이에 대해 설명하며 선생님의 의견도 여
쭈었다. "그럼 샘이 나서기 싫어하는 성격을 고쳐야 하나요?" 교사는 고
개를 저었다. "겸손한 태도는 아주 좋은 거예요. 굳이 성격을 고칠 필요는
없습니다. 단지 샘이 이 점을 알았으면 좋겠네요. 수업 시간 동안 자신이
이해했다는 것을 표현하는 것은, 교사의 가르치는 능력을 인정한다는 행
동이라는 것을요. 그런 표현들이 교사에게 자신감을 준답니다."

이런 작은 해프닝을 통해, 또 입시 서류를 스스로 준비해 가며 아이는
교사와의 소통이 얼마나 중요한지를 피부로 깨닫게 되었다. 교사와 깊이
있게 소통하지 않으면 제대로 된 추천서를 받기가 어렵다는 것도 알게

되었다. 대학을 진학하는 데 있어 교사의 추천서는 학생의 에세이만큼이나 중요하다. 아이는 IMSA 진학 준비를 통해 학교생활이나 수업 시간에 좀 더 적극적으로 임해야 하는 이유를 확실히 이해했고, 그 후 교사와의 좋은 관계 유지를 위해서도 힘썼다. 훗날 경건이는 하버드나 예일대학을 준비할 때 역시 혼자 힘으로 모든 것을 해냈다. 그때 나는 경건이에게 말했다. "네가 혹여 하버드나 예일에 합격하지 못한다고 해도, 엄마는 네가 혼자 힘으로 그 모든 과정을 준비했다는 것만으로도 충분히 자랑스러워."

실패는 반드시 필요하다

실패를 경험해 보지 못한 아이는 불행하다. 온실 속 계산된 환경에서만 자란 아이들은 이변이 속출하는 광야를 버텨 낼 수 없다. 세상은 비바람이 몰아치고 뙤약볕이 내리쬐는 거친 광야다. 아이들은 실패를 하고서야 진짜 광야를 만나게 된다.

고등학교에 다니던 승리가 티셔츠를 제작해서 학교에서 팔겠다며 1,000불을 빌려 달라고 했다. 백만 원이 훌쩍 넘는 큰돈이었다. 아이는 나에게 사업 계획을 열심히 설명했다. 학생들 입장에서 일하다가 해고를 당한 교사를 격려하고 응원하는 티셔츠를 제작하겠다는 것이었다. 승리는 학교 측의 처사에 대해 많은 학생이 안타까워한다는 것과 그 교사에 대한 학생들의 사랑과 지지를 알리고자 했다. 그래서 그 교사가 마지막으로 강단에 서는 날, 모든 학생이 똑같은 티셔츠를 입고 등교하겠다는 것이었다. 아이는 이 사업을 위해 학생들을 대상으로 여론조사까지 마쳤고, 구매 의사를 물어 수요를 예측하고, 중간 이윤을 계산해 가격을 책정하는 등 제법 구체적으로 계획하고 준비하고 있었다.

그러나 투자자가 될 내 입장에서는 다소 무모한 사업이었다. 이 사업은 일회성 이벤트를 위한 것이다. 그 셔츠는 당일에 모두 소진하지 못하면 100% 재고로 남는다. 또한 10불이라는 금액이 큰돈은 아니지만 또한 학생들에게 작은 돈도 아니다. 하루만 버티면 필요 없을 물건에 10불은 아까운 돈이다. 순진한 아이는 소비자의 심리에 대해서는 제대로 알고 있지 못했다. 누구나 계획 자체에는 흥미를 갖고 동의하지만, 막상 지갑을 열려고 하면 이리저리 따지고 계산하게 된다. 그것은 당연한 이치다.

나는 승리에게 셔츠의 제작 수량을 줄이라고 충고하며, 그 이유를 구체적으로 설명했다. 하지만 아이는 확신에 차 있었다. "엄마, 많은 애들이 그 선생님을 위해 뭔가를 하고 싶어 해요. 내가 다 물어봤다니까요? 다들 셔츠를 사겠다고 했어요." 나는 잠시 고민했다. 확실히 손해 볼 사업인데도 허락을 해 줘야 하나? 자신에 찬 아이를 기어이 꺾어야 할까? 만약 내가 아이를 꺾을 경우, 아이는 뭐가 문제인지도 배우지 못하고 상처만 입게 될 것이다. 어쩔 수 없었다. 예정된 손실을 감수하는 수밖에.

승리는 확신한 대로 일을 벌였고, 결국 400불 가량의 순손실이 났다. 이제껏 벌인 가장 큰 사업이었고, 가장 큰 손실이었다. 남은 티셔츠를 잔뜩 들고 온 승리는 내게 600불을 건네며 말했다. "엄마, 400불은 다음에 벌어서 꼭 갚을게요."

아이의 표정을 유심히 살폈다. 다행이 주눅 들거나 실망한 듯 보이지는 않았다. 물론 표정 관리일 수도 있다. 하지만 감정을 다스리고 드러내지 않는 것도 내면의 힘이라고 생각한다. 또 과오를 책임지겠다는 것과 다음에 다시 도전하겠다는 결연한 태도를 보며 비즈니스맨으로서 합당한 성품이라고 생각했다.

"됐다. 400불은 레슨비야." "네?" "사업을 하려면 계획도 중요하지만, 시장 상황의 변화와 소비자의 심리도 매우 중요해. 그걸 배웠다면 400불이라는 레슨비가 그리 비싼 건 아니지. 그 외에도 사업에 관해 무수히 배워야 할 것들이 많겠지? 대학에 가거든 더 열심히 공부해 봐."

대학 진학 때 하버드, 예일, 스탠퍼드에 실패했던 경건이는 승리가 아이비리그 입성에 실패하자 내게 말했다. "엄마, 승리는 더 많은 것을 배울 거예요. 나도 원했던 대학에 줄줄이 떨어졌을 때 가장 많은 것을 배웠어요. 세상이 만만하지 않다는 것과 나보다 똑똑한 사람이 정말 많다는 거요. 그래서 더 열심히 노력할 수 있었어요. 동생들이 원하는 대학에 떨어졌다고 실망하지 마세요. 거기서 더 많은 것을 깨닫고 배울 테니까요."

실패의 경험은 아이들을 더 겸손하고 견고하게 했다. 뿐만 아니라 삶을 대하는 태도를 바꾸어 진짜 어른으로 성장하게 했다. 실패는 예방주사다. 당장은 아프고 눈물이 핑 돌지만, 그로 인해 더 큰 고통을 막아낼 힘이 생기는 것이다.

4부

머리가 아닌
가슴으로 이해하라

충돌의 시기 사춘기. 그 시기에 아이는 대학이라는 험난한 장벽을 넘어야 하고, 중년에 접어든 엄마는 낮은 자존감 및 허무감과 싸워야 한다. 아이에게도 엄마에게도 아프고 힘든 시기다. 서로가 서로에게 상처 주고 상처받는 날들이 본격적으로 시작되었다.

사춘기는 대학 입시를 목전에 둔 중요한 시기이지만 사실 정확한 입시 정보보다 중요한 것은 아이들의 마음을 읽는 것이다. 머리가 아닌 가슴으로 아이를 이해해야 하는 시기가 바로 사춘기다. 사춘기 자녀와 갈등할 때에는 이기는 것만이 능사가 아니다. 아이의 마음을 헤아리고 혹은 일부러 져주는 것도 승리의 비결이다.

엄마도 아이도 고통스럽지만 견뎌 내야만 하는 시기. 그 정신적 산고 끝에 아이는 어른으로 다시 태어난다. 그리고 엄마도 그만큼 성장한다.

우리 아이가 달라졌어요

청지기 엄마

경건이는 우리 아이들 중에서도 머리가 좋은 편이라, 동네 고등학교에 다닐 때는 설렁설렁 공부해도 1등을 하곤 했다. 하지만 문제는 경건이네 학교가 그리 실력이 좋은 학교가 아니라는 것이다. 아이비리그에 들어가는 학생이 드물었으니 말이다. 아이는 우물 안에서 가장 똑똑한 개구리였다.

그런데도 경건이는 집에 오면 겨우 숙제만 끝내고 주야장천 노는 날이 많았다. 보다 못해 공부를 좀 해야지 않겠느냐고 나무라면 도리어 내게 따지고 들었다. "엄마는 전 과목 A로도 모자라요? 전교 1등으로도 부족하냐고요? 엄마도 공부밖에 모르는 별 수 없는 한국 엄마예요."

한국 엄마. 좋은 의미는 아닐 터였다. 미국에서도 한국 부모들의 지나친 교육열은 익히 알려져 있다. 전 세계에서 일어나는 기이한 일, 도저히 믿기 어려운 일들을 보여 주는 〈믿거나 말거나〉(Believe it or Not)라는 TV 프로그램이 있었다. 거기에 한국 고등학생들의 야간 자율 학습이 나온 적이 있다. 이른 새벽부터 밤늦게까지 공부만 하는 아이들. 믿거나 말거나! 그러다 보니 한국 엄마라는 말은 공부밖에 모르는 비정상적인 부모라는 의미로 쓰이게 되었다.

저를 위해 공부 좀 하라고 하면 속물 취급하며 대드는 아이. 어떻게 해야 하나? 처음에는 아이의 이런 모습에 상처받고 혼자서 울기도 많이 했다. 때로는 자식한테 상처받기 싫어서 '너 알아서 살아라!' 하고 내버려 두자는 생각도 했다. 그러나 나는 엄마다. 그것도 하나님의 자녀를 맡아 기르는 청지기 엄마다!

그런데 내가 힘들고 속상하다고 해서 아직 영글지 못한 귀한 아이들을 그저 자기 소견에 옳은 대로 내버려 둬도 되는 걸까? 언젠가 하나님이 물으실 때 최선을 다했다 할 수 있겠는가 말이다. 내게 아이들은 권리가 아닌 의무였다. "마땅히 행할 길을 아이에게 가르치라. 그리하면 늙어도 그것을 떠나지 아니하리라"(잠언 22:6).

의무를 다하지 않는다면 직무 유기라는 생각에 이르자 그럼 이제 어떻게 해야 할지를 고민하게 되었다.

나는 경건이에게 진지하게 이야기했다. "너는 A라는 성적만 받으면 네 할 일을 다했다고 생각하니? 그것들이 온전히 네 노력의 대가라고 생각해? 그건 하나님이 너에게 남들보다 조금 더 좋은 머리를 주셨기 때문이야. 하나님은 너에게 다섯 달란트를 주셨어. 다른 사람이 한 달란트, 두 달란트 받은 것에 비해 너는 더 많은 달란트를 받은 거라고. 그러니까 그 가운데 세 달란트만 써도 다른 사람보다 더 많은 걸 거둘 수 있는 거야. 하지만 묻어 둔 두 달란트에 대해서는 부끄럽지 않니? 네가 최선을 다하지 않고 이룬 A보다 최선을 다해 받은 C를 하나님은 더 자랑스러워하실 거야."

아이는 가만히 듣고 있었다. 나는 내친김에 앞으로의 양육 방침을 선언했다. "엄마는 네가 올바르게 판단할 수 있는 어른이 될 때까지 너를 가르치고 인도해야 할 의무가 있어. 너한테 마냥 좋은 엄마가 되기보다, 나도 하나님 앞에서 내 책임을 다하는 것이 중요해. 그래서 네가 성인이 될 때까지 잘못된 판단을 하지 않도록 네 일에 간섭하고 너를 도울 거야. 성인이 되면 네 모든 행동에 대해서는 네가 책임을 져. 하지만 그전까지는 엄마가 너를 책임지고 지도할 거니까 지금은 엄마 말을 잘 들었으면 한다."

한번은 경건이가 학기말 고사를 앞두고 뜬금없이 물었다. "엄마, 내가 이번 학기에 얼마만큼의 성적을 받기 원해요?" 나는 그간 아이들에게 어느 정도의 성적을 받아야 한다고 말한 적이 없는데 아이의 느닷없는 질문에 의아했다. "응? 갑자기 왜 그런 질문을 하는 거야?" "내가 시험 기간 동안에 놀아도 B 이상은 다 맞을 자신이 있거든요? 근데 만약 엄마가 올 A를 기대한다면 공부를 더 해야 해서요."

아이는 시험공부를 하다가 조금 지친 모양이었다. 그런데 대견하게도 멋대로 놀기보다 엄마의 의견이 어떤지 물어온 것이다. 나는 대답했다. "엄마는 네가 올 A를 받기를 바라지 않아. 단지 네가 할 수 있는 한 최선을 다해 주길 바랄 뿐이지." "오오오오오케이, 오케이!" 최선을 다하라는 내 말이 올 A보다 더 무섭다는 투였다. 후훗.

사춘기는 한여름의 소나기와 같다. 인생의 한때에 모든 것을 쓸어버릴 듯 무섭게 쏟아져 내리는 소나기. 무덥고 짜증나는 날에 한바탕 흙탕물을 일으키고, 대책 없이 우리를 흠뻑 적셔버리는 소나기. 그러다 언제 그랬냐는 듯 말간 얼굴을 드러내는 인생의 소나기. 어른이 되고 싶지만 아직은 어른이 아닌, 홀로 서고 싶지만 아직은 홀로 설 수 없는 내면의 충돌, 질풍노도의 시기. 하지만 이 또한 지나간다.

소나기가 지나고 나면 세상은 더 맑고 푸르러진다. 경건이는 대학 입시가 끝나고 사춘기가 잦아들 무렵 내게 말했다. "엄마, 내가 어리석게 굴 때에 늘 바른 길로 인도해 줘서 정말 고마워요."

입술의 30초가 가슴의 30년 된다

사춘기의 아이들은 무법자처럼 보이지만 사실은 부러질 듯 연약한 존재다. 사나운 말과 행동으로 엄마의 가슴에 비수를 잘도 꽂지만, 사실은 누구보다 쉽게, 그리고 자주 상처받는 것이 사춘기 아이들이다. 또한 아이들은 엄마에게 준 상처는 기억하지 못하면서 자기의 상처는 꼭꼭 새겨둔다. 엄마로서는 참으로 억울하고 불공평하게 느껴진다.

내 경험에 의하면 아이들이 사춘기를 지나고 있을 때, 엄마가 가장 주의해야 할 것은 '말'이다. 입술의 30초가 가슴의 30년이 된다는 말이 있다. 나는 그 말에 전적으로 동의한다. "저것은 가시내도 아니고 머스마도 아니고 아무짝에도 쓸모가 없다."는 그 말이 가슴에 박혀 30년의 세월 동안 나를 괴롭혔으니 말이다. 그런데 나 역시 딸아이에게 똑같은 실수를 저질렀다.

30초도 아닌 단 3초, 딱 두 번의 실수였다. 사랑이가 중학교 졸업반 때였다. IMSA에 가겠다면서 정작 공부는 안 하고 친구들과 어울려 다니기만 하길래 화가 나서 소리를 질렀다. "엄마 말 안 들을 거면 네가 다 알아서 해! 피자 배달원이 되든 길거리 여자(street girl)가 되든 네 맘대로 해!"

'길거리 여자'라는 표현은 분명 큰 잘못이었다. 많고 많은 비유 중에 길거리 여자라니. 사실 나는 미국 학생들의 성적인 자유분방함이 늘 염려스러웠다. 중학생 여자아이들이 버젓이 임신한 채로 학교를 다니는 곳이 미국이다. 그런 환경에서 내 딸아이가 미국 아이들과 어울려 다니는 것이 내심 불안했다. 그런 불안이 나도 모르게 표출되었을 뿐, 특별한 의미를 둔 말은 아니었다. 그저 홧김에 내지르고 또 잊어버렸다. 아이도 그날 별다른 말은 없었다. 그리고 몇 년 후 나는 또 한 번 비슷한 실수를 저질렀다.

아이는 나의 첫 번째 실수에 마음의 담을 쌓았고, 두 번째 실수에 등을 돌렸다. '길거리 여자'라는 말을 5년이 넘도록 가슴에 지니고 살았던 것이다. 그때그때 불만을 표출하던 경건이와는 성향이 많이 다른 아이라 나는 전혀 눈치를 채지 못했다. 아이는 대학에 들어가고 한참이 지난 후에야 울며 그 이야기를 했다. 나는 넋이 나갈 것만 같았다. 순종적이고 착한 아이가 훨씬 더 무섭다는 사실을 그때 알았다. 자신의 속내를 가감 없이 드러냈던 경건이가 고마울 정도였다.

내 자식이니까 내 마음을 다 이해해 줄 거라고 생각하면 오산이다. 잠깐의 실수니까 잊어버릴 거라고 생각하면 더 큰 오산이다. 엄마가 어떻게 나한테 그런 말을 할 수 있지? 아이는 엄마가 한 말이기 때문에 이해할 수 없고, 엄마이기 때문에 잊을 수가 없는 것이다.

수많은 문제 가정을 상담해 온 데이비드 클락 박사는 십대 아이들에 대해 이렇게 설명한다. "아이들은 연약하고 섬세하다. 부주의한 말 한 마디가 그대로 아이들을 파괴한다. …… 부모에게 잔인한 말을 밥 먹듯이 하면서도 스스로는 부모의 단 한 마디에 산산이 부서져 버린다. 그들은 감정이 행동을 지배한다. 감정에 입각해서 결정을 내리고, 이성으로 판단하지 않는다."

난 참 미련한 엄마였다. "유순한 대답은 분노를 쉬게 하여도 과격한 말은 노를 격동하느니라 지혜 있는 자의 혀는 지식을 선히 베풀고 미련한 자의 입은 미련한 것을 쏟느니라"(잠언 15:1~2). 성경은 죽이는 독이 가득한 혀에 대해 심각하게 경고했다. "혀는 곧 불이요 불의의 세계라 혀는 우리 지체 중에서 온 몸을 더럽히고 삶의 수레바퀴를 불사르나니 그 사르는 것이 지옥 불에서 나느니라"(야고보서 3:6).

자녀가 사춘기에 이르면 그 어느 때보다도 혀를 선하게 사용해야 한다. 물론 가슴에 불을 지르는 아이들의 행동을 이해하고 용납하는 것은 너무나 어려운 일이다. 하지만 그렇더라도 반드시 해내야 한다. 30초를 못 참아 30년을 후회하지 말고, 미련한 말을 쏟아내기 전에 혀에 재갈을 물려야 한다. 부디 이 말씀을 기억하자. "노하기를 더디 하는 것이 사람의 슬기요 허물을 용서하는 것이 자기의 영광이니라"(잠언 19:11).

사춘기를 지나고 나면 아이도 엄마도 자란다. 나 역시 아이들이 사춘기를 지나는 동안 때로 무너지고, 또 절망했다. 그리고 그만큼 성장했다. 엄마는 육체적 산고를 통해 아이를 낳고, 정신적 산고를 통해 아이를 어른으로 성장시킨다. 아이 역시 태어나기 위해, 어른이 되기 위해 고통을 겪는 것이다. 그러니 낳을 때와 같이 그 고통을 함께 해 주자.

사춘기는 애벌레가 나비가 되는 과정이다. 연약한 날개로 번데기를 뚫고 나오려니 얼마나 아프고 고통스럽겠는가? 하지만 이 또한 지나가리라. 그리고 아름답고 성숙한 날갯짓으로 도약할 것이다.

엄마는 하버드밖에
몰라요?

엄마가 해야 할 첫 번째 일

경건이의 사춘기는 몹시 힘들었다. 경건이의 반항 때문에 내가 몰래 울었던 횟수는 나머지 세 아이를 합한 것보다 많다. 그러나 경건이와의 문제는 단순히 아이만의 잘못은 아니었다. 나 역시 경건이가 첫 아이다 보니 모든 것이 처음이고 생소한지라 많은 실수를 했었다.

경건이가 사춘기에 접어들던 어느 날, 승리가 어떤 잘못을 한 데 대해 내가 적당한 훈계로 마무리를 한 적이 있다. 그런데 그걸 지켜보던 경건이가 말했다. "엄마는 승리만 예뻐해요. 내가 저렇게 했을 때는 무섭게 혼을 냈었는데." 사실이었다. 경건이는 다른 아이들에 비해 더 많이 혼나고 더 많이 매를 맞았다. 경건이가 특별히 더 많은 잘못을 한 것은 분명 아니었다. 단지 부모된 우리의 지식과 경험 그리고 아량이 부족해서 아이를 잘 기른다는 것을 엄격해야만 가능한 일로 알았던 것이다. 그 때문에 아이는 엄마가 특별히 자기만 미워한다고 생각해 온 것이다.

경건이의 말을 듣고, 그간 아이가 느꼈을 소외감을 생각하니 가슴이 아팠다. "경건아, 그건 엄마가 승리를 더 예뻐해서도 아니고 너를 더 미워해서도 아니야. 엄마가 너를 키울 때는 아이에 대해 아는 게 별로 없었거든. 엄마는 남들보다 일찍 엄마가 됐고, 또 네가 엄마의 첫 번째 아이잖아. 그래서 네가 무언가 잘못하면, 제대로 키우고 싶고 바로잡아 주고 싶어서 너를 많이 혼냈던 거야. 그런데 사랑이를 키우다 보니 사랑이도 너랑 똑같더라고. 화평이도 마찬가지고. 그렇게 아이들을 계속 키우다 보니 '아, 저 나이 때에는 다들 저렇게 자라는 거구나.' 하는 걸 알게 된 거지. 엄마가 승리를 크게 혼내지 않은 것은 형들도 누나도 다 그렇게 했기 때문이야. 이제는 엄마가 그걸 알게 됐잖아. 승리는 경건이 네 덕을 보고 있는 거야." 가만히 듣고 있던 경건이가 가벼운 목소리로 말했다. "아하! 엄마가 경험이 없어서 그런 거구나!" 그제야 오랫동안 풀지 못한 숙제가 풀린 듯 아이의 얼굴이 밝게 빛났다.

가벼워진 아이의 표정에 용기를 얻은 나는 다시 한 번 양해를 구했다. "경건아, 네가 첫 번째로 태어난 것은 너의 잘못이나 선택이 아닌데, 엄마가 그동안 혼을 많이 내서 정말 미안해. 하지만 엄마는 앞으로도 경험이 없는 상태로 너를 계속 키워야 해. 어렸을 때도 그랬지만, 앞으로도 엄마는 청소년을 처음 키우는 거잖아. 엄마는 아마 또 실수를 할 거야. 하지만 그렇더라도 너를 미워한다고는 절대 생각하지 않았으면 해. 엄마가 몰라서 그러는 것뿐이니까. 알았지?" 아이는 어려운 미션을 받아들이는 특수

요원처럼 무겁게 고개를 끄덕였다.

미리 양해를 구하길 잘했다. 경건이의 대학 입시를 앞두고 나는 우려한 대로 아이를 힘들게 하고 말았다. 경험이 없으니 어쩌겠는가.

맏이이고 똑똑하기까지 한 경건이에 대한 나의 기대는 참으로 컸다. 그러나 기대만 컸을 뿐 정작 아이를 이해하고 아이의 심정을 헤아리는 데는 미숙했다. 그래서 아이가 어떻게 받아들일지는 생각하지 못하고 내 기대를 여지없이 드러내곤 했다. 집에서 매달 치르는 SAT 점수가 하버드도 가겠다 싶을 만큼 올랐고, 그것이 객관적인 점수가 될 만한지도 철저하게 조사했다. 여러 입시 정보를 스크랩해 가며 정확한 입학 가능 점수도 계산했다. 또 학교에서도 경건이를 하버드 합격 가능자로 분류하고 있었다. 이렇다 보니 아이에게 실현 가능한 목표를 계속해서 상기시켜 주고 독려하는 것이 중요하다고 생각했다. "경건아, 조금만 더 열심히 하면 하버드도 충분히 갈 수 있겠는데?" "엄마, 하버드 가기가 얼마나 어려운지 알기나 해요?" "알지. 하지만 너라면 할 수 있을 거야. 내신 성적도 탄탄하고, 다른 경력들도 충분하잖아?"

아이를 격려하고 독려한다는 생각에 나는 입시 얘기만 나오면 하버드 얘기를 했다. 그러던 어느 날, 경건이가 버럭 소리를 질렀다. "하버드, 하버드, 하버드! 엄마는 하버드밖에 몰라요?"

당황스러웠다. 도대체 뭐가 문제지? 나는 실력도 안 되는 아이를 죽어도 하버드에 가야 된다고 닦달한 것이 아니다. 설레발이 아니란 말이다. 갈 수 있는 아이에게 너는 갈 수 있다고 격려하고 응원하는 것이 뭐가 잘못이란 말인가? 이렇게 억울한 마음에 황당한 표정을 짓고 있는 내게 아이는 치명타를 안겼다. "엄마도 전형적인 한국 엄마들하고 똑같아요!"

전형적인 한국 엄마! 이럴 수가! 당시 인터넷에서는 한국 엄마들의 특징을 비꼬아 정리한 리스트가 유행처럼 번지고 있었다. 그 가운데 하버드 병을 빗댄 것도 있었는데, "한국 부모들은 '하버드'를 제대로 발음조차 못하면서 '하버드'만 가라고 외친다."는 것이다. 하버드(Harvard)는 한국인이 발음하기 어려워하는 'r'이 두 개나 들어 있고 'v'까지 있어 발음하기가 쉽지 않다. 그런데 그 되지도 않는 발음으로 '하버드'에 가라고 자녀들을 다그치는 부모들을 비꼰 것이었다. 기가 막히고 속이 상했다. 나를 그런 엄마로 취급하다니!

그날 저녁, 피곤하다는 핑계로 일찌감치 자리에 누워 생각에 잠겼다. 엄마 노릇은 어쩜 이렇게 갈수록 힘이 드나. 자기보다 더 자기를 생각해서 하는 말인데, 어쩌면 이렇게 몰라줄까? 도대체 언제쯤이면 엄마 마음을 알아줄까? 이 답답하고 억울한 엄마의 마음을…….

그러다 문득 아이의 입장에 생각이 미쳤다. 나는 아이의 입장을 생각했었나? 아이의 마음을 헤아렸던가? 아차 싶었다. 나는 내 입장만 생각하고 충분히 아이를 잘 지도하고 있다는 착각에 빠져 있었다. 하지만 아이의 입장은 다른 것이다. 아무리 가능성이 있어도 뚜껑은 열어 봐야 아는 법이고, 해마다 실력 있는 무수한 아이가 하버드에 낙방한다. 아이는 겁이 났을 것이다. 그런데도 오나가나 하버드 소리를 들어야 하는 아이는 얼마나 부담스러웠을까?

"하버드가 그렇게 쉬운가요?"라는 말은 그 기대가 부담스럽다는 뜻이었다. 그런데 그때마다 이 눈치 없는 엄마는 "넌 갈 수 있어!"라며 아이의 어깨에 돌덩이를 얹었다.

그제서야 너무나 미련했다는 자책이 들었다. 아이의 어깨에 메인 돌덩이를 내려 줘야 했다.

"경건아, 엄마는 너한테 무조건 하버드에 가라고 말하는 게 아니야. 너라면 하버드도 갈 수 있을 거라는 말이지. 엄마는 네가 집에서 가까운 노스웨스턴대학에 가는 것도 좋다고 생각해. 하버드는 너무 멀어서 자주 볼 수도 없고, 노스웨스턴에 가면 집에서도 다닐 수 있잖아? 그러니까 하버드에 대한 부담은 이제 갖지 않아도 돼." 내가 하버드에 대한 기대를 내려놓자 아이는 한결 편안해 보였다.

후에 경건이는 하버드도 대학 지원 리스트에 넣었다. 나는 가벼운 제스처로 조심해서 말했다. "아, 하버드도 지원할 거야? 여러 군데 지원하려면 준비가 많아서 힘들지 않겠어? 엄마 때문이라면 안 그래도 되는데……." 아이는 가볍게 대답했다. "지원해 보는 게 어때서요? 그것까지 포기할 필요는 없잖아요. 선생님 말씀이 장학생은 몰라도 합격은 가능성이 있대요."

아이가 하버드에 민감하게 반응했던 것은 하버드가 싫다는 뜻이 아니었다. 단지 실망을 주고 싶지 않은 사람들의 기대가 힘에 겨웠던 것이다. 인생의 큰 고비를 넘어야 하는 아이에게 필요한 것은 채찍질이 아니다. 무거운 짐을 진 아이가 조금이라도 편안한 심정으로 그것들을 감당해 갈 수 있도록 돕는 것. 그것이 엄마가 할 첫 번째 일이라는 것을 깊이 배우게 되었다.

아이의 뒤를 가만히 따라가라

경건이를 통해 시행착오를 겪은 후, 나는 대입 수험생을 다루는 방법을 나름 터득했다고 생각했다. 아이들이 큰 기대를 할 만한 능력을 갖추더라도 지나친 기대감으로 부담을 주지 않아야 한다는 것. 다시는 이런 실수를 하지 않으리라 굳게 다짐했다.

그런데 사랑이가 대입을 준비할 때 또 실수를 하게 되었다. 경건이 때와는 또 다른 실수였다. 사랑이는 아이비리그 수준의 실력이 되지 못했다. 내가 생각하기에는 노스웨스턴 정도는 가능할 것 같았다. 하지만 노스웨스턴도 미국 내 10~15위권의 대학으로 만만치 않은 학교였다. 그래서 행여 사랑이가 노스웨스턴도 부담스러워할까 봐 기대치를 좀 더 낮추어 말했다. "사랑아, 너는 선생님이 될 건데 군이 힘든 대학에 갈 필요가 있겠니? 휘튼 칼리지는 단과대학이지만 크리스천 명문 대학이니까 거기에 가면 좋지 않을까?" 그랬더니 아이가 섭섭한 듯 말했다. "엄마, 왜 누구는 하버드 가라고 하고, 누구는 휘튼 가래요? 나는 그 정도밖에 안 된다는 말이에요?"

허, 참! 사춘기 아이들에게 좋은 엄마가 되는 건 왜 이리도 힘든 것일까? 제아무리 비싼 값을 치르고 얻은 깨달음일지라도 천편일률적으로 적용되는 건 아닌가 보다. 하긴 아이들도 4인 4색이지 않던가. 그에 더해 이때의 아이들은 불안하고, 또 사소한 일에도 예민하게 구는 것이 징상이냐.

사랑이를 통해 또 다른 교훈을 얻은 나는 이후로 학교를 꼭 짚어 말하지 않았다. "넌 어느 어느 대학에 지원할 거니?" 하면 아이들이 대답한다.

가만히 들어보면 아이들 나름대로 자기 실력에 맞춘 리스트를 갖고 있었다. 도전이 필요한 곳도, 안정적인 곳도 잘 알고 있었다. 학교에서 그만큼 아이의 실력에 맞춰 잘 지도한 것이다. 내가 이러쿵저러쿵 간섭하지 않으니 아이들이 먼저 물어왔다. "엄마, 이 정도면 충분할 것 같아요? 엄마 생각은 어때요?" 그럴 때에 내 생각을 얘기하면 충돌이 일어나지 않는다. 아이보다 앞서 가지 않는 것. 그것이 내가 얻은 최종 결론이다.

이런 요령이 생기고 나니까 경건이가 대학원에 갈 때는 충돌이 일어나지 않았다. 경건이는 로스쿨 지원을 앞두고 이전 합격자들의 이력을 둘러본 후 혀를 내둘렀다. "엄마, 예일 로스쿨은 나로서는 불가능할 정도로 엄청난 이력과 경력이 필요해요. 하버드도 장난이 아니고요. 합격자들을 보니까 해외 연수는 기본이고 자원봉사도 아프리카에 가서 하는 수준이더라고요."

아이가 이렇게 불안해하고 자신감을 잃어 갈 때는 구체적인 조언을 해 주어야 한다. "그렇겠지. 하버드나 예일 로스쿨이 결코 쉬운 학교는 아니지. 세계 최고니까 말이야. 하지만 단순히 해외 경력이 중요한 것이 아니라 스스로 무언가를 했다는 게 중요한 게 아닐까? 해외 경력 자체에만 너무 집중하지 말고, 네가 방학 때마다 아르바이트로 하버드 출신 로스쿨 교수의 저술에 참여했다는 것, 그중에서도 자료 검색이라든지 편집을 한 직접적인 기여도는 로스쿨 지원자에게 절대적으로 중요한 경험이자 능력 아니겠니?" 아이는 수긍한다는 듯 고개를 끄덕였다.

물론 한 마디 격려에 자신감이 솟구치지는 않았다. 경건이는 워낙 신중하고 꼼꼼한 성격이라 나는 좀 더 말을 이어갔다. "엄마는 네가 하버드는 물론이고 예일까지도 가능성이 있다고 생각해. 물론 둘 다 불합격할 수도 있지. 하지만 그건 네가 하버드나 예일에서 공부할 만한 실력이 안 된다는 뜻은 아닐 거야. 그들이 인재를 못 알아보는 것뿐이지! 그러니 혹여 가지 못한다 해도 속상해할 필요는 없어. 그렇지?" 경건이는 얇게 미소 지으며 대답했다. "네, 한번 지원해 보죠 뭐."

하버드도 걷어차 버린 아이들

사람의 마음이란 참 간사하다. 아니, 내 마음이 참 간사했다. 아이들이 하버드에 들어가지 않았을 때는 아이들의 생각을 존중해 주는 것이 그리 어렵지 않았다. 실제로 하버드에 들어가는 것이 매우 어렵다는 것을 알았기 때문인지도 모르겠다. 그런데 경건이와 화평이가 하버드와 예일에 동시 합격하자 하버드라는 타이틀이 너무 크게 다가왔다. 그런데 아이들은 둘 다 하버드를 포기하겠다는 것이다. 그때는 정말 힘들었다. 엄마는 하버드밖에 모른다는 말이 나 역시 사실로 느껴질 정도였다.

특히 우리 집에서 최초로 하버드와 예일에 동시 합격했던 화평이가 하버드를 포기하겠다고 했을 때, 나는 선뜻 그 결정을 받아들일 수가 없었다. 아이의 인생이니 아이의 결정을 존중하겠다던 평소의 굳센 의지는 이미 행방불명이었다. 하버드를 포기해?! 이게 무슨 로또 옆구리 터지는 소리야! 미국 내에서는 하버드와 예일, 프린스턴이 평가 기준에 따라 그 순위가 바뀐다. 하지만 한국인에게 부동의 1위는 단연 하버드가 아니던가!

하버드와 예일에서는 서로 자기 학교로 오라며 수시로 전화를 했다. 두 학교의 신경전은 대단했다. 교직원들은 물론이고 학생들까지 합격을 축하한다는 이유로, 그리고 학교에 대한 안내를 해 주겠다는 이유로 연락을 해 왔다. 동시 합격을 했을 때 학생들이 어느 학교를 선택하는지도 학교 순위 평가의 요인이 되기 때문이다. 하버드와 예일에 동시 합격했을 때 하버드를 선택하는 사람은 65%, 예일을 선택하는 사람은 35% 정도였다. 나는 하버드를 포기하고 예일을 선택하는 35%의 사람들을 이해할 수가 없었다. 그런데 우리 아이가 바로 그렇게 하겠다는 것이다.

내가 하버드를 선호한 것은 단지 명성이나 선입견 때문만은 아니다. 하버드는 전공에 따라서는 타 학교에 밀리는 경우가 많았지만, 종합 순위에서는 대부분 1위를 차지했다. 학교의 종합 순위는 학생 당 교수의 비율과 도서관 보유 서적의 수, 학업 및 연구 시스템, 장학금 등 실제적인 모든 것을 종합하여 선정한다. 결국 돈이 많은 대학이 좋은 환경과 시스템을 갖추어 높은 점수를 받을 수밖에 없는 것이다. 그런데 화평이의 전공은 생명의료공학이었고, 따라서 연구 환경과 시스템 그리고 연구비 지원 등이 탁월해야만 했다. 그래서 나는 화평이가 더욱더 돈 많은 하버드에 가기를 원했다.

나는 화평이가 하버드와 예일의 종합적인 면을 꼼꼼하게 분석하고 객관적으로 판단했는지 궁금했다. 화평이가 다닌 초우트는 예일에서 15~20분 정도 떨어진 거리에 있었기 때문에 화평이는 예일에 가 볼 기회가 많았고, 예일을 친근하게 생각했다. 나는 그에 반해 화평이가 하버드를 잘 알지 못하기 때문에 그런 선택을 한다고 생각했다. 그래서 최종 결정을 하기 전에 반드시 하버드를 방문해 보고 객관적으로 판단할 것을 권했다. 아이는 그렇게 하겠다고 약속했다.

그런데 며칠 후, 경건이에게서 전화가 왔다. "엄마, 엄마는 아직도 하버드밖에 몰라요? 화평이는 예일에 가고 싶다는데, 왜 애를 그렇게 힘들게 해요?" 화평이는 내게 특별히 힘든 내색을 하지 않았다. 하지만 형에게는 그 속내를 털어놓았던 모양이다. 순둥이 화평이는 엄마의 기대를 저버리는 게 힘들었던 것이다.

화평이는 약속대로 하버드를 방문하고 돌아왔다. 최종 선택을 앞둔 아이와 허심탄회한 대화가 필요했다. "엄마가 하버드 얘기하는 것 때문에 많이 힘들었니?" "네, 엄마가 하버드를 많이 원하는 것 같아서 부담이 됐어요." "그래, 하버드에 다녀 와 보니 어때?" "하버드는 예일이랑 분위기가 많이 달랐어요. 예일은 명문이면서도 자유롭고 편안함이 느껴지는데, 하버드는 왠지 긴장감이 느껴져요. 학생들의 표정부터 자부심으로 똘똘 뭉쳐 있는 것 같았어요. 엄마, 하버드에 가 보고서 나는 하버드가 더 싫어졌어요." "정말 아무런 편견 없이 객관적으로 평가한 거니?" "네, 나도 하버드가 좋은 학교라는 거 잘 알아요. 나 역시 하버드를 포기하는 게 쉬운 일은 아니에요. 하지만 충분히 생각했어요."

그래. 네게도 쉬운 일이 아니겠지. 아이의 고충이 와 닿는 듯했다. 하지만 그저 분위기만으로 학교를 선택할 수는 없었다. "화평아, 네가 힘들다는 것은 엄마도 충분히 알겠는데, 그렇더라도 엄마는 아직도 네가 하버드를 포기하는 이유가 잘 납득이 안 돼. 아무래도 돈이 많은 학교가 실력 있는 교수를 데려오기도 쉬울 테고, 책이나 연구 시설을 비롯해 인프라도 더 잘되어 있지 않겠니? 네가 예일에 꼭 가야 하는 이유를 납득시켜 줬으면 좋겠어. 분위기나 느낌같이 주관적인 것 말고 객관적인 사실을 기준해서 말이야."

아이는 생각을 차근차근 풀어놓기 시작했다. "엄마, 하버드에는 내가 공부하고 싶은 과목이 없어요." "그 큰 하버드에 네가 공부하고 싶은 과목이 없다니, 그게 무슨 말이야?" "물론 비슷한 과목은 있어요. 하지만 배우는 내용이 내가 구체적으로 원하는 것과는 달라요. 하버드는 생명공학(Bio Engineering)밖에 없는데, 내가 공부하고 싶은 것은 생명의료공학(Biomedical Engineering)이거든요. 그 과목은 예일에 있어요." "두 과목이 어떻게 다른데?" "쉽게 설명하자면 생명공학은 공학이고, 생명의료공학은 의학이에요. 생명공학은 인체에 쇠나 다른 걸로 만든 부품을 넣는 것에 주력하는데, 나는 세포를 연구하고 싶어요. 세포에 관한 연구는 생명의료공학에서 하는 거예요."

아, 그런 거였구나. 그제야 답답한 머릿속이 뻥 뚫리는 기분이었다. "그래? 그럼 당연히 예일로 가야지. 그런 얘기를 왜 이제야 하는 거야?" 아이가 웃으며 말했다. "사실은 나도 그렇게까지 정확히는 몰랐어요. 하버드에 가서 교수님들을 만나 보고 구체적으로 알게 된 거예요."

화평이는 자기가 하고자 하는 것이 무엇인지 정확히 알고 있었다. 그렇다면 나 역시 하버드에 더 이상 미련을 둘 이유가 없었다. 내가 하버드를 고집했던 것은, 아는 것이 그것뿐이었기 때문이다.

하버드를 포기하지 못해 한동안 신경전을 벌인 후, 1년이 지나자 똑같은 상황이 벌어졌다. 이번에는 경건이었다. 그래도 훨씬 수월하게 예일로 마음을 정했다. 물론 여전히 속은 엄청 쓰렸다. 〈하버드 대학의 공부벌레〉라는 드라마를 보고 자란 우리 세대에게 하버드 로스쿨은 최고를 상징하는 학교였으니까 말이다.

하지만 미국에 살면서 아이들의 진학을 위해 여러 대학을 분석한 결과, 로스쿨은 이미 오래 전부터 예일이 부동의 1위를 차지하고 있었다. 예일의 교육 방식이 하버드를 앞선다는 평가였다. 예일 로스쿨에서는 법 규정을 하나하나 가르치지 않고, 법을 사회에서 어떻게 적용해야 하는지 법의 정신과 철학, 원리를 가르친다. 그래서 예일 로스쿨에서는 법조계뿐 아니라 사회 전반에 걸친 다양한 분야로 진출하는 경우가 많다. 실제로 1970년대 이후 미국의 정치, 교육계의 지도자는 예일대학교 출신이 가장 많다고 한다. 특히 예일 로스쿨은 많은 대통령을 배출한 명문으로 자리매김했다.

이런 사실을 이미 알고 있었기에, 경건이가 예일을 선택하는 것은 충분히 이해가 되었다. 물론 여전히 한국에서는 이해하지 못 하는 사람들이 많다. 당시 우리 집에 와 있던 한국 학생들은 이렇게 말했다. "하버드가 걷어차이는 학교라는 걸 이 집에 와서 처음 알았어요."

나는 하버드 합격증을 액자에 고이 넣어 두었다. 화평이가 그걸 보고 웃으며 말했다. "엄마, 왜 하버드 합격증을 넣어 뒀어요? 넣으려면 예일 합격증을 넣어야죠." "예일은 졸업장을 넣어 두면 되지. 이건 엄마가 간직하고 싶은 기념품이야." 그렇다. 하버드는 내게 아쉬움과 미련으로, 그리고 소중한 추억으로 남았다.

말보다 마음을 먼저
파악하라

고3 경건이의 엉뚱한 반항

11학기 봄 학기. 한국으로 치면 고3 1학기나 마찬가지다. 그다음 학기에는 대입 지원을 해야 하기 때문이다. 이런 중차대한 시기에 경건이가 엉뚱한 반란을 일으켰다. 느닷없이 야구팀에 들어간 것이다.

경건이는 이미 수영팀의 주전 선수였고, 입시를 위해서는 굳이 다른 운동을 시작할 필요가 없었다. 그런데 야구를 제대로 배워 본 적도 없으면서 고교 말년에 야구팀 신입 선수라니!

학교의 처사도 이해할 수가 없었다. 아이의 선택을 존중하고 언제라도 기회를 주는 것은 좋은 일이다. 하지만 그것도 때가 있지. 너는 지금 입시 준비에 몰두해야 한다고 지도해 주어야 하는 것이 아닌가 말이다. 정말 토종 한국 엄마로서는 기겁할 일이다.

"이렇게 중요한 때에 왜 경력에 도움도 안 될 일을 하겠다는 거니?" 내 질문에 아이가 삐딱하게 대꾸했다. "경력이 안 되는 운동은 하면 안 되는 거예요? 왜 엄마는 모든 걸 대학하고 연관 지어서만 생각해요? 그냥 내가 하고 싶어서 하는 거예요." "야구를 하지 말라는 게 아니야. 지금은 입시 준비를 해야 하는 중요한 시기니까 조금만 참자는 거야. 야구는 1년만 기다렸다가 대학 지원하고 나서 하면 되잖니." "나는 지금 하고 싶다니까요." 아무리 설명하고 타일러도 요지부동이다. 그러고는 한다는 소리가 "엄마가 야구를 못 하게 하면 나는 컴퓨터 게임을 할 거예요." 였다.

사춘기 아이들은 왜 덩칫값도 못하는 걸까? 덩치는 산만한 아이가 이렇게 어린아이처럼 구는데 이 아이를 어른으로 존중해 줘야 하는가 말이다. 미치겠다. 정말!

도대체 왜 이런 억지를 부리는 걸까? 이유를 알기 위해 초인적인 인내심을 발휘하며 대화를 이어 갔다. "야구를 꼭 지금 해야만 하는 이유가 있니?" 아이는 내친김에 끝을 보겠다는 듯 말을 이어 갔다. "나도 입시 준비 때문에 너무 힘들어요. 그래서 야구라도 해서 스트레스를 풀겠다는 거예요. 만약 엄마가 야구를 못하게 하면 나는 컴퓨터 게임으로 스트레스를 풀겠죠. 내가 기숙사에 들어가 있는데 엄마가 그걸 막을 수 있겠어요? 기숙사에서 게임을 하는 것보다는 야구를 하는 게 더 낫지 않겠어요?" 공격적이고 거친 태도였다. 그러나 아이의 말에 먼저 흥분하면 안 된다. 거기서 배어나는 아이의 마음을 들여다봐야 했다. 아이는 지금 입시로 인해 엄청난 스트레스를 받고 있었다. 정말 어려운 문제다. 스트레스 해소가 중요하다는 건 알지만, 운동이라는 게 이만저만 시간을 잡아먹는 것이 아니기에 난감했다. 대개 수업 시작 전 한 시간 반 훈련, 수업 후 2~3시간 훈련. 게임이 있는 날이면 밤 10시를 훌쩍 넘겨 돌아오게 된다. 물론 후보 팀의 초짜 선수라 해도 모든 대회를 참관해야 했다. 어마어마한 시간 낭비였다. 단호하게 막고 싶었다. 그러나 아이가 힘들어 하고 있다.

경건이의 말은 구구절절 다 옳았다. 내가 기숙사에 있는 아이를 무슨 수로 막겠는가. 아이는 나와 갈등하지 않고도 충분히 자기 뜻대로 할 수 있었다. 오히려 혼자 몰래 결정하지 않고 정면 돌파를 해 주는 것을 고마워해야 했다.

고민 끝에 말했다. "경건이 너도 지금이 얼마나 중요한 때인지는 잘 알겠지. 스포츠팀에 들어가면 얼마나 많은 시간을 뺏길지도 잘 알 것이고. 그런데도 야구라도 해야 스트레스가 풀릴 정도로 힘들다면 어떡하겠니? 네가 꼭 필요하다고 생각된다면 해야지. 게임보다는 야구가 나을 테니까." 아이는 허를 찔린 듯 아무 말도 못하고 나를 쳐다봤다. '내가 제대로 들은 게 맞나?' 하는 표정으로. 모르긴 해도 아이 스스로도 무모한 행동이라는 것을 아는 모양이었다. 그래서 초반부터 강경하게 나간 것이다.

아이가 뭐라 말을 하기도 전에 나는 나갈 채비를 하며 말했다. "야구팀에 들어가려면 개인 장비도 준비해야겠지?" 아이는 그제야 모든 것이 현실임을 깨달은 듯 버벅대며 말했다. "어…… 신발은 친구가 신던 거 얻어서 신고…… 다른 것도 얻어서 쓸 거예요. 그래도 글러브하고 타격용 장갑은 사야 될 것 같은데……."

아이를 데리고 스포츠용품점에 가서 물건을 직접 고르라고 했더니 제일 싼 것들을 들고 왔다. 손에 끼워 보니 가죽이 뻣뻣해 착용감이 좋지 않았다. 훈련을 하다 보면 손이 아플 게 뻔했다. "오랫동안 야구를 해서 손에 못이 박힌 사람이라면 모를까, 넌 처음이라 힘들 테니 부드러운 걸로 골라야지." 그러나 아이는 괜찮다며 계속 뻣뻣한 글러브를 사겠다고 우겼다. 야구 장비를 마련하느라 엄마가 없는 돈을 쪼개야 하는 것이 걱정스러웠던 것이다. 결국 내가 나서서 이것저것 비교해 보고 부드럽고 착용감이 좋은 글러브로 골랐다. "입시 준비로 힘든데 손에 물집이라도 잡히면 어떡하니? 쓰리고 아파서 얼마나 신경이 쓰이겠어? 그래가지고 공부에 집중이 되겠니? 이거 맞는지 껴 봐." 아이는 재촉에 못 이겨 글러브를 껴 보더니 말했다. "어…… 좋아요……. 이건 유명 브랜드라 비싼데……." 아이는 말을 더듬을 만큼 미안해했다. 걱정하지 말라며 계산대로 향하는 내 뒤에서 경건이가 말했다. "엄마, 고마워요. 나, 공부도 정말 열심히 할게요."

경건이는 결국 하버드, 예일은 물론 스탠퍼드까지 떨어졌다. 각오가 아무리 대단하다 해도 야구로 인한 시간 손실을 만회하기는 역부족이었다. 아쉬운 것은 사실이지만 아이가 스트레스를 이겨 낼 힘이 없는 걸 어쩌겠는가? 대학 입시와 같이 중요한 일은 단순히 실력이 전부가 아니다. 스스로를 관리하는 능력이 반드시 필요하다.

경건이가 만약 그 시기에 야구를 하지 않았다면 그런 실패를 경험하지 않았을지도 모른다. 물론 이것은 경건이가 스트레스를 통제할 수 있다는 전제 하에 가능하다. 경건이는 어쩌면 야구를 했기 때문에 듀크에 갈 수 있었는지도 모른다. 당시의 경건이는 스트레스를 관리하는 데 한계에 부딪혔고, 스트레스 관리는 누구도 대신해 줄 수 없기 때문이다.

사랑이는 경건이가 아니다

나는 아이가 감당할 수 없는 스트레스도 있다는 것과 그때는 그것을 인정하는 것 외에는 다른 방법이 없다는 것을 크나큰 대가를 치르고서야 깨달았다. 나는 이전에 그 사실을 모르고 목표만을 향해 아이를 몰아붙이다가 사랑이에게 큰 상처를 준 적이 있었다.

같은 부모에게서 나고 자랐지만, 아이들은 모두 제각각이다. 그럼에도 불구하고 한 아이의 성공 사례가 나머지 아이들에게도 똑같이 적용되리라는 착각은 너무나 쉽게 이루어진다. 당시 IMSA는 우리가 생각하는 가장 이상적인 학교였다. 냉철하고 무섭게만 생각되던 IMSA의 교육 방식에 경건이가 잘 적응하고, 또 긍정적인 결과를 얻게 되니 우리로서는 당연한 생각이었다. 남편은 사랑이도 IMSA에 가길 원했다. 하지만 나는 조금 회의적이었다.

사랑이는 사회성과 리더십이 탁월하다. 또 학업 면에서는 언어에 뛰어났다. 그러나 IMSA에서 중시하는 수학, 과학은 남자아이들만큼 잘하지 못했다. 또한 IMSA는 영재 학교였기 때문에 냉정하게 판단할 때, 혹여 사랑이가 IMSA에 들어간다 해도 독자적인 수업 방식을 따라갈 수 있을지 의문이었다.

IMSA를 정말 좋아하는 경건이는 동생들도 같은 학교에 들어오기를 바랐다. 당시 IMSA의 여자 수영팀 코치가 입학 사정관이었는데, 경건이는 여자 수영팀 매니저가 되어서 사랑이에게 도움이 될 만한 정보를 파악했다. 경건이의 정보에 따르면, IMSA는 남녀 비율을 고려해 학생을 선발하기 때문에 사랑이가 남학생들과 직접적인 경쟁을 하지 않아도 된다는 것이었다. 사랑이의 모의고사 점수는 IMSA의 합격 가능 점수에 못 미치기는 하지만, 그래도 여학생으로는 높은 편이었다. 또한 수영 수상 기록이나 총학생회장 등의 경력이 받침이 되어 입학 가능성이 있다는 것이었다. 그 말을 듣고 남편이 사랑이에게 물었다. "사랑이 네 생각은 어때? 너는 IMSA에 가고 싶어?" "네, 갈 수만 있다면 가고 싶어요."

사랑이가 스스로 IMSA에 가겠다고 하자 내 마음도 움직이기 시작했다. 이제는 사랑이를 끌어 줘야겠다고 생각하며, 먼저 IMSA에 들어간 경건이의 성공 사례를 사랑이에게 적용시켰다. 그렇게 하는 것이 당연하다고 생각했다. 어떻게 성공했는지를 처음부터 끝까지 너무나 잘 알고 있었으니 말이다.

나는 사랑이가 경건이와는 근본적으로 다른 아이라는 것을 간과했다. 경건이가 입시를 준비한 방식 그대로라면 당연히 합격할 것이라고 생각했다. 참으로 미련했다. 경건이만큼 공부하지 않으면 정신 차리라고 다그쳤고, 경건이처럼 따라오지 않으면 말을 안 듣는다고 잔소리를 했다. 그리고 결과가 안 좋으면 왜 경건이처럼 하지 않았느냐고 탓했고, 내 말을 안 들었기 때문이라고 비난했다.

아이는 점차 자기 방에 있는 시간이 많아졌다. 나와 부딪히는 것을 피하고 있었던 것이다. 그러나 나는 그것이 이상 징후라는 것조차도 알지 못했다. 나는 사춘기 아이들은 불만이 있으면 경건이처럼 내들고 반항한다고만 생각했다. 그래서 사랑이가 아무 말도 하지 않는 것을 문제라고 생각하지 못했다. 소극적인 무언의 반항을 전혀 깨닫지 못했던 것이다.

가여운 사랑이는 극심한 스트레스를 받고 있었다. IMSA에 가고 싶었지만, 학교 공부와 별도로 지원 준비를 하는 일은 사랑이가 감당하기에 너무나 버거웠던 것이다. 그러나 아이는 내게 아무 말도 하지 않았고, 나는 아이의 스트레스와 한계를 여전히 파악하지 못했다.

나는 경우에 따라서 정답이 정답이 아닐 수도 있다는 것을 생각했어야 했다. 순종적인 아이라 해도 뜻대로 안 될 수 있다는 것을 알았어야 했다. 늘 재잘거리던 딸아이의 말수가 줄어가는 것을 이상하게 생각했어야 했다. 사랑이는 엄마로부터 받은 상처와 입시 스트레스를 속으로 삼키고 있었고, 그것은 아이의 마음에 생채기를 내기 시작했다. 그리고 그 상처는 사랑이와 나의 관계에 균열을 만들었다. 그러던 차에 '길거리 여자'라는 내 말실수까지 더해져 아이는 결국 벽을 쌓아 버렸던 것이다.

엄마가 시키는 대로 했으면
더 좋은 결과를 얻었겠지만
난 더 불행했을 거예요

유니폼이 싫어요

6학년 때 수영팀에 들어간 경건이는 실력이 쑥쑥 자라며 다행히 또래들과의 실력차를 좁혀 나갔다. 그런데 고등학교 진학을 앞두고 갑자기 수영을 그만두겠다고 했다. 대학 입시에 스포츠가 얼마나 중요한지는 이제 더 말할 필요도 없을 것이다. 경건이는 그동안 열심히 노력한 덕분에 학교 대표팀 주전 선수가 될 만큼 실력을 쌓았다. 그런데 이런 상황에서 수영을 그만두다니, 도대체 왜? 그 이유를 물었더니 믿기 어려운 대답이 돌아왔다. "유니폼이 맘에 안 들어요." 어이상실! 기가 막히고 말문이 막힌다. 자기 나이보다 어린 학생들의 팀에 들어가서도 잘 버텨 낸 아이가 내민 이유치고는 참으로 허무하다.

사춘기에는 전면전과 게릴라전을 동시에 대비해야 한다. 언제, 어디서, 어떻게, 왜 싸워야 하는지 예측도 못하다가는 당하기 일쑤이다. 이번에도 허를 찔렸다. 그동안 아무 탈 없이 잘 입어 오던 수영복이 뭘 어쨌다는 건가! 몇 년 동안 고생하고 성장해 왔는데 수영복이 싫어서 그만둔다고? 그래그래, 이성에 눈뜰 나이이다 보니 꽉 쪼이는 삼각팬티가 새삼스레 부끄러울 수도 있겠다. 머리로는 충분히 이해가 된다. 하지만 이건 아니다. 네가 무슨 조선시대 여인네야? 남들도 다 입는 걸 가지고 뭘 그렇게 예민하게 구냐고!

"경건아, 수영은 일반화된 운동이야. 수영복 입는 게 하나도 이상한 게 아니라고. 고등학교에 가면 바로 학교 스포츠팀에 들어가야 해. 지금 새로운 운동을 시작하면 고등학교에 가서도 힘이 많이 들 거야. 계속 수영을 하면 주전 선수가 될 수도 있고, 대학에 가기도 더 유리해져." 아이가 알아들을 만한 소리를 다 했다. 그러나 사춘기 아이를 설득시키기에는 역부족이었다.

경건이는 결국 수영을 그만뒀다. 그리고 동네 고등학교 레슬링팀에 들어갔다. 물론 대표팀이 아닌 후보팀에 소속되었다. 레슬링은 매우 과격한 운동이고 덩치 큰 미국 아이들의 힘은 장사였다. 경기장에서는 수시로 선수들의 부상 사고가 일어났다.

어느 날 경건이는 한쪽 구석에서 몸을 풀며 자기 시합을 기다리고 있었다. 경기장에 들어서기 전에 미리 안경을 벗어 둔 상태였다. 그때 코치가 다가와 걱정스러운 말투로 물었다. "샘, 너 이 경기 할 수 있겠니? 괜찮겠어?" 아이는 맞은편에서 몸을 풀고 있는 상대 선수를 힐끗 쳐다보았다.

자기와 체격이 비슷해 보이는 흑인이었다. "물론이죠." 대수롭지 않게 대답을 하고 경기장으로 들어섰다. 그러나 상대와 마주한 순간, 경건이는 그대로 돌아 나오고 싶었다고 했다. 근육으로 똘똘 뭉쳐진 단단하고 다부진 체격의 흑인. 코치가 걱정스럽게 물어본 데는 이유가 있었다. 심한 근시였던 경건이는 어렴풋하게 체격만 봤을 뿐, 상대 선수의 무시무시한 근육을 보지 못했던 것이다.

당연히 패하고 돌아온 경건이에게 코치가 말했다. "샘, 잘했어!" 동료 선수들도 달려와 위로를 했다. "샘, 잘 버텼어. 그 정도면 정말 잘한 기아. 저 녀석, 알고 보니 저 팀의 에이스야. 보통 실력이 아니라고. 누가 상대하더라도 도저히 이길 수가 없었어." 경기를 마치고 집에 돌아온 경건이는 내게 말했다. "엄마, 오늘 내가 뼈가 부러지지 않고 무사히 집에 돌아온 것만도 정말 다행이에요." 그날 이후, 경건이는 레슬링 경기에 반드시 콘택트렌즈를 끼고 나갔다.

그런데도 아이는 레슬링을 좋아했다. 학교 대표로 출전하는 큰 수학 경시대회와 친선 경기로 치러지는 작은 레슬링 대회가 겹치자, 아이는 레슬링 대회에 나가겠다고 했다. 기가 막혔다. 경건이는 학교 대표가 될 만큼 수학을 잘했다. 반면 레슬링은 후보 선수였다. 수학 경시대회에 나가 상을 받으면 경력이 되지만, 작은 레슬링 대회는 이겨도 경력이 될 수 없었다. 하지만 경건이는 레슬링 대회에 나갔고 또 지고 돌아왔다.

험난한 레슬링 시즌이 지나고 봄 학기가 되자 아이는 또다시 새로운 스포츠에 도전장을 던졌다. 이번에는 기계체조였다. 역시나 부상이 잦은 험난한 스포츠였다.

아이의 손바닥은 성할 날이 없었다. 끔찍하게 물집이 잡혔다 터지기를 반복하며 아주 너덜너덜해져 갔다. 너무너무 속이 상했다. 잘하던 수영이나 할 것이지 저게 무슨 생고생이냔 말이다.

사춘기 아이가 하는 일을 머리로만 이해하고 대응하려 해서는 안 된다. 본질적인 문제가 아닌 한, 그냥 그러려니 하고 넘어가는 것이 상수다.

아이는 마루 운동의 공중제비가 잘 안 된다며 집에서 침대 매트리스를 깔아 놓고 연습을 했다. 날이면 날마다 앞으로 쿵! 뒤로 쿵! 부딪치고 넘어지면서도 아이는 마냥 행복해했다. 그 모습을 보고 동생들도 덩달아 제비돌기를 한다. 거기에 시범을 보인다고 남편까지 합세했다. 온 집이 흔들릴 듯 쿵쿵거릴 때마다, 저러다 다치지는 않을까 하고 내 심장도 덩달아 쿵쿵거렸다.

스스로 선택한 일은 더 큰 성취감을 느낀다

주전 선수로 뛸 만한 실력을 갖춘 수영을 포기하고 신입생팀에서 운동을 하던 경건이는 10학년 때 IMSA에 진학했다. IMSA에는 레슬링팀도 기계체조팀도 없었다. 다른 선택의 여지가 없어, 아이는 결국 수영을 선택했다. 경건이에게는 불행한 일이었지만 나는 안도의 한숨을 내쉬었다.

아이는 1년 이상 쉬었던 수영을 다시 따라잡느라 새벽 일찍부터 수영장에 나가 열심히 연습을 했다. 다행히 이전의 감각과 실력을 회복해 주전 선수로 뛰게 됐고, 곧이어 에이스급으로 부상했다. 졸업반이 되자 누가 수영팀의 주장이 될 것인지가 초미의 관심사가 되었다. 스포츠팀 주장은 상당한 이력이 되기 때문이다. 경건이는 유력한 주장 후보였다. 하지만 0.2초의 기록 차이로 다른 아이가 주장이 되었다.

아무 쓸데없는 소리인 줄은 잘 알지만 0.2초라는 차이에 한탄이 절로 나왔다. "엄마가 계속 수영하라고 했을 때 말을 들었으면 좋았을 걸. 그랬으면 주장쯤은 아주 쉽게 됐을 텐데."

그 말을 듣고 아이가 침착하게 말했다. "물론 그때 엄마 말대로 했으면 기록이 훨씬 좋아졌겠죠. 주장도 됐을 테고요. 하지만 엄마 때문에 억지로 하는 수영이었다면, 난 수영을 할 때마다 힘들고 화가 났을 거예요. 새벽부터 물속에 들어가 연습하고, 수업 후 또다시 훈련받고, 대회를 준비하고 출전하는 것은 절대로 쉬운 일이 아니에요. 하지만 지금은 내가 스스로 선택했기 때문에 아무런 불만이 없어요. 새벽까지 밀린 숙제나 공부를 하면서도 불행하지 않다고요. 수영팀 주장이 못됐어도, 나는 내 기록을 단축시키는 것만으로도 행복해요. 하지만 만약 엄마가 그때 기어이 나한테 수영을 하라고 했다면, 나는 수영도 엄마도 다 싫어졌을 거예요. 그때 억지로 강요하지 않고 내 뜻대로 하게 해 줘서 정말 감사해요." 아이의 말에 나는 수영팀 주장이 되지 못한 데 대한 아쉬움과 미련을 순식간에 날려 버렸다.

아이가 수영복이 싫어서 수영을 그만둔다고 했을 때, 그런 아이를 이해하고 용납하는 것은 참으로 쉽지 않았다. 유치하기까지 한 아이의 태도를 무시해 버릴 수도 있었다. "왜 그렇게 유별나게 구니? 창피하긴 뭐가 창피해?" 면박을 주며 우길 수도 있었다. 게다가 내가 보기에는 레슬링 유니폼도 만만찮게 민망스럽다. 경건이가 기어코 수영을 그만두고 레슬링을 할

240•

때, 나는 삐딱하지 않게 이야기하려고 무지 애를 쓰며 물었다. "레슬링 유니폼은 수영복보다 편하니? 몸에 쪼이기는 마찬가지인데, 그래도 위쪽이 가려지니까 좀 나아?" "수영복보다야 훨씬 낫죠." '낫기는 무슨……' 목구멍까지 올라온 한 마디를 꾹 눌러 참았다. 나 스스로가 대견했다.

한창 예민할 나이에 느끼는 수치심은 아이의 행동이나 태도에 많은 영향을 미친다. 남들이 보기에는 수영복이나 레슬링복이나 거기서 거기겠지만 아이에게는 분명 큰 차이가 있었을 것이다. 수영은 여학생들도 많이 관람하는 종목이다. 반면 레슬링을 보러 오는 여학생은 많지 않다. 아이에게는 그 차이가 꽤나 중요했을 것이다. 한창 이성을 의식할 나이에 아이가 부끄럽고 싫다면 어쩔 수 없는 노릇이다. 그 감정을 무시하고 기어이 삼각팬티만 입혀 많은 사람 앞에 세워 놓았다면, 아이가 느낄 수치심과 후유증을 어떻게 감당할 것인가? 비록 수영팀 주장은 되지 못했어도, 1년 동안 더 성숙해진 아이는 결국 스스로 수영을 선택했다. 그래서 수영복을 입고도 당당하고 행복할 수 있었던 것이다.

아이의 감정과 선택을 존중하면, 아이가 느끼는 자기만족도와 성취감은 매우 달라진다. 기계체조를 선택한 경건이는 수많은 실패와 고통 속에서도 행복해했다. 아이는 체조 시즌을 마감하며 12개 학교의 신입생팀끼리 겨루는 리그에 나가 안마 부문에서 6위를 차지했다. 누구도 경건이의 입상을 기대하지 않았는데, 기대 밖의 선전이었다. 아이는 맨바닥에서 일구어 낸 자신의 성적에 크게 기뻐했다. 물론 수영을 했더라면 주전팀 리그에 나가 입상을 했을지도 모른다. 그러나 신입생팀에서 일군 6위가 아이에게는 더 만족스럽고 값진 결과였다.

자녀의 성취감을 빼앗는 부모들

어떤 부모들은 자녀의 성취감보다는 자신의 성취감을 위해 자녀를 키우는 경우가 있다. 내가 아이들과 함께 자원봉사를 하려다 만난 아버지가 그러했다.

경건이가 고등학교에 입학하기 전, 나는 아이들과 함께 자원봉사를 하기로 결정했다. 우리는 상의 끝에 이왕이면 한국인을 돕자는 생각으로 한국인 요양원을 찾아갔다. 할 수 있으면 아이들이 어렸을 때부터 자원봉사를 하게 할 목적으로 아이 넷을 다 데리고 요양원 책임자를 만났다.

그 책임자는 내 취지를 듣고 아이들을 둘러보더니, 갑자기 아이들에게 각자 꿈이 무엇인지를 물었다. 아이들은 자원봉사에 앞서 인터뷰인 줄로 생각하고 진지하게 대답했다. 당시 아이들의 꿈은 건축가, 교사, 의사, 그리고 승리는 결정이 안 된 상태였다. 그 책임자는 의사가 되겠다는 화평이의 말을 듣더니 고개를 끄덕이며 흐뭇한 미소를 지었다. "그래, 의사가 제일이야. 의사가 되면 인생 성공하는 거지. 나도 우리 아들을 의사로 만들었어. 그 녀석이 담력이 없어서 피만 보면 무섭다는데, 사내 녀석이 그까짓 피가 뭐가 무섭냐고 혼을 냈지. 그래가지고 내가 우리 아들을 결국 의사로 만들어 놨어. 그 녀석 지금 돈 많이 벌고 있지. 너희들도 의사가 되어야 돈도 많이 벌고 성공하는 거야."

거기까지만 했어도 의사 아들을 둔 아버지의 자랑이려니 했을 것이다. 그러나 그게 끝이 아니었다. 그 책임자는 사랑이를 보고 말을 이었다. "교사? 그런 거 하지 마. 기껏해야 연봉 3만 불밖에 안 되는 거 뭐하러 해? 그런 거 하지 말고 소아과 의사를 해. 여자도 소아과 의사는 잘할 수 있어.

의사가 되어야 사람답게 살 수 있는 거라고." 그 자리에서 벌떡 일어나 아이들을 데리고 나오고 싶은 것을 꾹 참았다. 사랑이를 비롯한 아이들의 표정 역시 모두 굳어져 있었다.

하지만 그 책임자의 눈에는 우리의 안색이나 분위기가 전혀 보이지 않는 모양이었다. 의기양양, 자랑스러운 표정이었다. 나는 초인적인 인내심을 발휘하며, 어서 빨리 봉사활동이 시작되길 바라고 있었다. 그때 그 책임자는 다시 한 번 결정타를 날렸다. "다들 참 똑똑하게 생겼다. 내가 너희들이 다 의사가 될 수 있도록 도와줄 테니 걱정하지 마. 의사가 되려면 어떻게 해야 하는지 이 아저씨가 하나하나 잘 가르쳐 줄게."

아이들의 봉사활동은 그날 하루로 끝이 났다. 애초 계획은 매주 다닐 생각이었지만, 아이들은 두 번 다시 그 책임자를 보고 싶어 하지 않았다. 혹여 아이들이 계속해서 그곳에서의 봉사활동을 원해도 내가 보내지 않을 생각이었다. 그런 사람에게 도대체 무얼 배울 수 있을까? 피를 보는 게 무섭다는 아들을 기어이 의사로 만들고, 그 사실이 너무나 자랑스러운 아버지. 아들 스스로가 찾아서 이루어야 할 성취감을 가로챈 아버지에 불과하다. 그런 사람이 우리 아이들을 가르치겠다고?

나는 그 책임자의 말이 우리 아이들의 가슴에 박히지는 않았는지 염려스러웠다. 다행히 아이들은 바르게 생각하고 판단하고 있었다. 저녁 자리에 모인 아이들은 그 사람의 가치관과 태도에 대해 신랄하게 비판했다. 저렇게 화가 났으면서도 끝까지 예의를 갖추고 있었다는 게 기특할 정도였다. 그만큼 아이들은 스스로 선택하고 결정하는 동안에 생각과 행동이 자라가고 있었다.

친구들에게
무시당하고 싶지 않아요

부모의 체면은 아이보다 중요하지 않다

고등학생 경건이가 어느 날 갑자기 귀에 피어싱을 하겠다고 선언했다. 요즘이야 남자들이 귀걸이를 하는 게 이상할 일도 아니고 귀엽기까지 하지만 당시에는 미국에서조차 피어싱을 히피들의 전유물로 여겼다. 나 역시 피어싱을 한 아이들을 삐딱한 문제아로 보아 왔는데, 내 자식이 하물며, 완전히 으악이다!

당시 사람들이 피어싱을 얼마나 부정적으로 보았는지는 우리가 다니던 교회의 장로님 가정을 통해 알 수 있다. 그 장로님은 아들이 귀에 피어싱 한 것을 보고는 너무 화가 나서 귀걸이를 힘껏 잡아당겼고, 그 바람에 아들의 귀가 찢어져 버렸다.

그런 일이 있는 판국에 목사 아들이 피어싱을 하겠다니, 큰일날 소리였다. 나는 화들짝 놀라 물었다. "왜? 왜 그걸 하려고 하는데?" 아이가 대답했다. "엄마, 학교에서 남자애들이 모이면 하는 얘기가 담배, 술, 여자, 마약이에요. 다들 이런 걸 해 봤다고 자랑하며 얘기하는데 나는 그런 이야기에 낄 수가 없잖아요. 애들은 불법을 저지르면서도 그런 게 용감하고 멋있다고 생각해요. 그리고 그런 얘기에 낄 수 없는 애들은 덜떨어진 취급을 받는다고요. 나는 그런 취급을 받는 게 싫어요. 그래서 생각해 봤는데, 피어싱은 불법이 아니잖아요. 우리 학교에도 피어싱을 한 애는 거의 없으니까, 내가 피어싱을 하면 더 이상 친구들이 무시하지 않을 거예요."

듣고 보니 100% 이해가 된다. 이해가 되는 정도가 아니라 기특할 정도다. 친구들의 압력에 못 이겨 해서는 안 될 일을 하고 다니는 것보다야 훨씬 낫지! 아무렴!

그림에도 불구하고 피어싱을 하라는 말이 나오질 않았다. 첫째는 문화충격 때문이고, 둘째는 목사인 아빠와 엄마의 체면 때문이었다. 목사 아들이 히피같이 하고 다닌다는 성도들의 눈총이 두려운 것이다.

아이의 생각을 돌려 보려고 조심스레 말을 꺼냈다. "피어싱을 꼭 해야겠니? 다른 방법은 없을까?" 그러나 친구들에게 무시를 받은 아이는 이미 잔뜩 화가 나 있었다. 그 나이 때 사내아이들은 엉뚱한 일에 인생을 걸기도 한다. 그걸 모르지 않기에 참 난감했다.

나는 사람들에게 말을 듣는 것이 두렵다. 그래서 남들의 이목을 늘 신경 썼다. 사모라는 자리는 쉬이 남의 입에 오르내리게 된다. 그래서 되도록 튀지 않으려고 애썼고 무슨 일에 앞서 남편의 의견을 물어봤다. 하지만 정작 목사인 남편은 나와 달리 체면이나 이목 따위에 연연하지 않는다.

나는 키가 168cm인데 우리 세대 여자로서는 꽤 큰 편이다. 옷을 얻어 입으면 입던 사람에게는 적당한 무릎 길이의 스커트였는데 내가 입으면 미니스커트가 되곤 했다. 그럴 때마다 내가 그걸 입고 교회에 갈 엄두가 나지 않아 망설이고 있으면 남편은 말한다. "일부러 그렇게 입는 게 아니니까 신경 쓰지 마. 하나님은 당신의 중심을 보시지, 스커트 길이로 당신을 판단하시는 분이 아니잖아. 하나님이 신경 쓰지 않는 일이라면 사람들이 뭐라 하든 너무 신경 쓰지 마." 정말이지 무한 긍정의 사나이다.

남편은 경건이의 피어싱에 대해서도 흔쾌히 승낙했다. 성경에서 금하는 일이 아니라는 거다. "그래도 교회에서 괜찮을까?" 혹시 남편이 내 편이 되어 줄까 싶어 물었지만, 역시 남편다운 대답이 돌아왔다. "내가 목사지, 경건이가 목사는 아니잖아?"

정말이지 내 편은 없다. 승낙한다는 남편에게 소리라도 지르고 싶지만, 사실 반대할 정당한 이유가 없다는 것은 나도 안다. 남의 눈을 의식하는 것은 나의 개인적인 약점일 뿐, 그를 배제하면 피어싱은 그저 개인의 취향 문제일 뿐이다. 또 어찌 보면 아이로선 친구들에게 무시당하지 않을 순수한 해결책이기도 하다.

이런데도 부모의 체면 때문에 아이에게 고통을 견디라고 한다면 맞지 않는 소리다. 해결책은 단 하나, 아이가 받을 고통을 내가 대신 받으면 되는 것이다.

이렇게 생각과 마음을 정리한 후 아이에게 말했다. "그래, 친구들에게 무시당하면 엄마라도 화가 날 것 같아. 친구들이 하는 나쁜 짓에 동조하는 것보다는 피어싱이 훨씬 낫지. 근데 아무 데서나 뚫지 말고, 엄마랑 병원에 가서 안전하게 뚫자."

그런데 그 후로 몇 주가 지나도 경건이는 귀를 뚫으러 가자는 말을 안 했다. 기다리다 못해 내가 먼저 물었다. "경건아, 엄마가 오늘 시간이 있는데 귀 뚫으러 갈까?" 그렇게 성의 있는 질문에도 불구하고 뜻밖에 흐지부지한 대답이 돌아왔다. "글쎄…… 좀 더 두고 보고요." 경건이는 그때부터 지금까지 몇 년이 지나도록 계속 두고 보는 중이다.

당장이라도 귀를 뚫어야만 할 것 같던 그 기세는 어떻게 된 걸까? 친구들에게 무시당해 사무친 듯한 그 분노는 왜 갑자기 사그라든 걸까? 엄마가 그 마음을 이해해 준 것과 동시에 서서히 가라앉기 시작한 게 아닐까? 만약 내가 끝까지 피어싱을 못하게 했다면 어떻게 됐을까?

경건이는 그 후 피어싱보다 훨씬 더 멋진 방법으로 무시하던 녀석들의 기를 꺾어 버렸다. 대신 운동을 열심히 해서 탄탄하고 멋진 초콜릿 복근을 갖게 된 것이다. 선명한 식스팩으로 경건이는 IMSA의 최고 몸짱 3인방으로 뽑혔고, 결국 모든 남학생의 부러움을 한 몸에 받게 되었다.

사춘기 아이들의 반항은 이해받고 싶고, 인정받고 싶다는 절규일 수도 있다. 크리스천 가정 사역자로 베스트셀러 작가이기도 한 캐롤 래드는 말한다. "엄마라면 십대인 아이가 저지르는 표면적인 행동의 이면을 봐야 하며, 행동이 그 속에 담긴 분노나 상처의 정도를 나타낸다는 사실을 인식해야 한다." 너무도 중요한 말이다. 사춘기 자녀를 키울 때는 겉으로 드러난 문제 행동을 비난하기에 앞서, 그 동기를 면밀히 살펴야 한다. 만약 경건이가 자신의 고통을 아무에게도 이해받지 못했다면, 필경 학교생활은 더 고통스러웠을 것이다.

가운데 줄 왼쪽에서 두 번째, 몸짱 경건이.
친구들에게 무시받아 화가 났던 아이는 부모가 그 마음을 공감해 주자 현명한 선택을 하게 되었다.
사춘기 자녀를 키우는 부모에게는 입시 정보보다 자녀의 마음을 읽는 것이 더 중요하다.

사소한 반항은 허용하라

사춘기 아이와의 문화적 차이는 세대 간의 갈등을 만든다. 다른 아이들이 다 입는 짧은 바지도 내 딸이 입으면 화들짝 놀라게 된다. "왜 그렇게 짧아? 너무 심한 거 아니야?" 엄마들의 본능적인 반응이다. 그러나 이런 보호 본능도 갈등의 원인이 되고 만다.

사춘기가 되면 여자아이들은 또래 사이에서 유행하는 패션에 더욱 민감해진다. 친구들이 다 입는 짧은 바지를 입지 못하고 혼자 무릎까지 내려오는 반바지를 입는 일은 십대 소녀에게 쉬운 일이 아니다. 그러나 불행하게도 엄마들 역시 딸아이의 짧은 바지를 용납하기란 결코 쉽지 않다. 유행에 뒤처지는 아이를 보는 것보다 자녀를 향한 보호 본능이 훨씬 크고 강력하기 때문이다. 이래서 부모 자식 간의 세대 차이는 어쩔 수 없는 현실인 듯하다. 나 역시 수많은 신경전을 거치고, 여학생들의 패션을 분석해 가며 아이를 이해하려고 노력한 후에야 겨우 용납하게 되었다. 아니 용납보다는 포기라는 말이 더 적절할 것이다.

용납이든 포기든 둘 중 하나를 하지 않으면 아이와의 관계에는 더 큰 문제가 생긴다. 나는 사랑이가 친구들과 함께 해변에 놀러가 비키니 수영복을 입은 사진을 보고 한바탕 난리를 친 적이 있다. 왜 고등학생이 비키니를 입어야 하느냐고 말이다. 그 후 한국에 와서 캐리비안 베이에 놀러 갔다. 비키니 사건 후 상처를 받았던 사랑이는 아무 말 없이 구식 원피스 수영복을 입었다. 엄마와 또다시 문제를 일으키고 싶지 않았던 것이다. 그런데 거기에 온 젊은 여자들은 모두 비키니를 입고 있었다. 원피스 수영복을 입은 젊은 여자는 아무리 둘러봐도 사랑이 혼자뿐이었다. 나는 결국 어떤 수영복이 유행하는지도 모르고 아이만 나무란 구식 엄마였던 것이다. 보호 본능도 좋지만 시대의 흐름이나 세대 차이를 이해하는 것은 사춘기 자녀의 부모로서 반드시 풀어야 할 숙제이다.

엄마가 아이들의 문화를 이해하기 힘들다고 부모의 스타일만을 고집하다가는 아이에게 많은 상처를 줄 수 있다. 나 역시 하나밖에 없는 딸을 사랑했기에 안전하게 보호하려 한 것이다. 그러나 그것이 아이의 마음을 다치게 했다. 그 시기의 사랑이는 엄마의 보호보다 이해가 더 절실하게 필요했던 것이다.

기독교 심리학자로 수많은 청소년을 상담해 온 데이비드 클락 박사는, 십대 자녀를 키우는 부모에게 도움이 되는 유익한 정보를 제공한다. "반항은 건강하고 정상적인 것이다. 자기 뜻을 세우고, 세상을 헤쳐 나아가고, 독립을 성취하는 데 중요한 요인이다. 반항하지 않으면 독립할 수 없다. 그래서 큰 문제가 아니라 사소한 것에서는 반항을 허용해야 한다."

클락 박사가 말하는 사소한 문제란 머리 모양, 외모나 옷차림, 음식, 청소 등을 말한다. 그는 특별히 큰 해가 없는 이런 문제에 대해서는 상식선에서 아이들이 자연스럽게 하고 싶은 대로 하도록 권한다. 무조건 아이와의 싸움을 피하라는 게 아니다. 중요한 것을 지키기 위해 사소한 것은 양보하라는 말이다. "싸울 만한 가치가 있는 싸움을 우선으로 싸워라. 부모 마음에 들지 않는다고 사사건건 잔소리를 하면 아이들은 중요한 일에서 크게 반발할 것이다." 그는 절대로 지면 안 되는 중요한 싸움에 대해 언급한다. "중요한 영역의 반항은 알코올, 약물, 섹스, 범죄, 거짓말, 불경건, 좋지 않은 친구와 어울리는 것 등이다. 이런 반항은 아이들의 인생을 망치기 때문에 적극적으로 싸워야 한다. 이런 영역에서는 손톱만큼도 양보해서는 안 된다."

아이의 친구들과 더 친해져라

이래저래 사춘기 자녀를 둔 부모는 힘들다. 어른도 아닌 것이 아이도 아닌 것이, 어른처럼 믿어 주자니 불안하고, 아이처럼 보호하자니 말이 안 통한다며 짜증을 낸다. 그러나 갈수록 험해지는 세상에서, 학교도 친구들도 무작정 신뢰하기는 어려운 게 부모의 입장이다. 친구 따라 강남 간다는 말은 이미 옛말, 요즘은 친구 따라 소년원에 가는 세상이다. 그래서 엄마들은 아이의 친구들에 대해서도 신경이 곤두서게 된다.

사랑이와 승리는 유독 친구가 많았다. 둘은 공부를 해도 친구들과 모여서 하길 좋아했고, 당연히 친구 집에서 밤늦게까지 놀거나 혹은 자고 오는 경우도 많았다. 그럴 때마다 어떤 아이들과 어떻게 노는지 신경이 쓰였지만 매번 아이들에게 꼬치꼬치 물어볼 수도 없는 노릇이었다. 그러다 보니 밤늦도록 기다리다 아이가 돌아오면 잔소리하고 짜증을 내는 일이 늘어났다.

많은 시행착오 끝에 나는 결국 방법을 바꾸기로 했다. 불안해하기보다는 성가신 쪽을 선택하기로. 나는 아이들의 친구와 전략적인 우호 관계를 맺기로 했다. 그때부터 아이들의 친구들을 우리 집으로 불러 모았다. 물론 귀찮고 시끄러웠다. 그러나 대가는 제법 쏠쏠했다.

우선 아이의 친구들을 확실하게 분석할 수 있었다. 막상 아이들이 노는 것을 지켜보니 내 걱정이 지나쳤다는 것도 알게 되었다. 엄마들이란 자식 걱정을 하다 보면 상상력이 풍부해지기 마련이다. 아이가 친구 집에 가서 밤늦게 돌아오기라도 하는 날이면, 뉴스에서 접한 온갖 사건 사고들을 토대로 소설을 쓴다. 그러다 지치면 돌아온 아이에게 괜한 트집을 잡거나 심문을 한다.

그렇게 범죄 소설가로서의 기질이 다분한 엄마들에게는 아이들의 모임 장소로 집을 제공할 것을 추천한다. 자식을 소설 속의 범죄자나 피해자로 만드는 것보다는 그편이 훨씬 생산적이다. 아이들이 모일 때는 청소 따위는 신경 쓰지 않아도 된다. 그저 놀 공간이 필요한 아이들에게 청소 상태는 그다지 중요하지 않기 때문이다.

아이들에게 장소를 제공해 주는 효과는 상당하다. 자주 보면 정이 드는 법, 몇 번 보다 보면 아이들의 친구들과도 친해지게 된다. 일단 아이의 친구와 친구가 되면 보너스가 따른다. 내 자녀에 대한 이해의 폭도 넓어지고 대화거리도 풍부해진다. 이전에는 아이와 대화를 하려고 해도 화젯거리가 빈약했지만, 친구들이 소재가 되면 이야깃거리가 풍부해진다. 그렇게 아이와 공감대가 형성되면 대화의 질이 달라진다. 그리고 관계도 더 끈끈해진다.

물론 아이의 친구들이 모두 마음에 드는 것은 아니다. 특히 이성 친구에 대해서는 나도 모르게 날카로운 잣대를 들이대게 된다. 혹여 친구 관계에서 이성 관계로 발전할 수도 있기 때문이다. 남편과 내가 그랬던 것처럼 말이다.

한번은 승리에게 이 부분에 대해서 실수를 했다. "그 아이는 좀 이상한 거 같아. 걔는 늘 그런 식이니?" 하고 친구의 어떤 행동을 비난했더니, 승리가 단호하게 말했다. "엄마, 내 앞에서 친구들 흉보지 말아 주세요." 아이들에게 친구란 가족만큼이나 소중한 존재다. 그래서 전략을 바꿨다. 마음에 안 드는 친구를 지적하는 게 아니라, 마음에 드는 친구를 칭찬하는 쪽으로 말이다. "엄마는 그 애처럼 착하고 밝은 애가 좋더라." 당연한 일이겠지만, 그런 식의 접근에는 아무런 거부 반응이 없다.

아이들에게 친구는 평생의 자산이다. 힘들고 어려울 때 또는 기쁜 일이 있을 때에 시시때때로 마음을 나눌 수 있는 편한 친구만큼 소중한 것이 또 있을까? 친구들과 보내는 시간을 무의미한 시간 낭비라고 짧게 생각하지 말고 멀리 내다보자. 내가 이 세상을 떠나도 친구들은 내 아이들 곁에 남아 있을 것이다. 내가 없는 그 자리에 내 아이를 위로하고 힘이 되어 줄 누군가가 있다는 건 이 얼마나 감사한 일인가.

어느 추운 겨울날, 재래시장에서 엄마를 잃은 아이를 만난 적이 있었다. 세 살 된 아이의 눈은 잔뜩 겁에 질려 있었다. 아이가 헤매지 않도록 가만히 데리고 있었더니, 얼마 후 아이의 엄마가 찾아왔다. 아이와 내가 안도의 한숨을 쉬려는 순간, 아이의 엄마는 다짜고짜 아이를 붙들고 그 작은 몸을 우악스럽게 흔들며 소리치기 시작했다. "엄마가 어디 가지 말라고 했지! 엄마 옆에만 있으라고 했어, 안 했어, 응? 왜 멋대로 돌아다니면서 이렇게 엄마 속을 썩여, 응?"

　아이의 엄마는 아이가 없어져서 많이 놀랐을 것이다. 정신이 혼미한 채로 아이를 찾아 헤맸을 것이다. 그러고는 아이를 찾는 순간 자기의 감정과 생각에만 충실했다. 먼저 애태운 아이에게 화를 내며 자기 감정을 쏟아부은 후, 다시는 그런 일이 일어나지 않도록 가르치고자 혼을 냈다.

　아이의 엄마는 아이에 대해 아는 것이 없었다. 그 나이의 아이에게는 시장의 모든 것이 호기심의 대상이라는 것을 알지 못했고, 호기심 천국에서 그 어떤 것에도 관심을 두지 않고 엄마만 쳐다보는 아이라면 지적 수준을 의심해 봐야 한다는 것도 알지 못했다. 그 나이의 아이들은 자기 집에서도 엄마가 보이지 않으면 불안해한다. 하물며 낯선 곳에서 엄마를 잃은 아이의 마음이야 오죽했을까? 아이의 엄마는 그 시기 아동의 특성을 전혀 알지 못한 게 분명했다. 늘 갖고 다니는 휴대폰에서 '2~3세 아동의 발달 특성' 정도만 검색해도 수만 가지 정보가 쏟아져 나오는 세상에 살면서 말이다.

아이의 엄마가 아이의 특성을 알았더라면 놀란 자기 가슴보다 한없이 두려웠을 아이의 마음을 먼저 만져 주었을 것이다. "많이 놀랐지? 괜찮아. 이제 괜찮아. 이제 엄마가 절대로 너를 놓치지 않을게." 그리고 아이를 꼭 안아 주었을 것이다.

많은 엄마가 아이에 대해 배우기보다는 아이를 가르칠 생각에만 몰두한다. 또래 아이를 키우는 엄마를 만나면 아이의 발달과 행동 변화에 대해 이야기하고 그 시기의 아이들에 대한 이해를 넓혀가기보다는, 어떤 것을 가르치고, 어떤 것을 먹이고, 어떤 것을 입힐 것인지에 대해 이야기한다. 안타까운 현실이다.

엄마는 누구나 될 수 있지만, 좋은 엄마는 아무나 될 수 있는 것이 아니다. 아이가 세상을 배워가듯 엄마도 아이를 배워가야 한다. 그리고 이해와 배려, 희생과 인내 등의 덕목들이 더해져 좋은 엄마로 성장하게 되는 것이다.

《최고의 엄마》라는 책을 저술한 캐롤 래드는 말했다. "최고의 엄마란 물질적으로 아이에게 좋은 것만을 해 주고 물심양면으로 도와주는 엄마를 뜻하지 않는다. …… 최고의 엄마가 된다는 것이 완벽한 엄마가 되어야 함을 뜻하지 않는다. 최고의 엄마는 실수도 많고 배워야 할 것도 많지만, 아이와 함께 서로 노력하고 같이 성숙해지는 엄마를 말한다." 이 말은 나처럼 부족한 엄마에게 많은 위로가 되고 도전이 된다. 자녀에게 부족함이 전혀 없는 환경을 제공할 수도 없고, 실수투성이인 엄마. 그러나 아이와 함께 노력하고 함께 자라가는 엄마가 최고의 엄마라면, 우리 모두 '최고의 엄마'에 도전해 볼 수 있지 않을까?

나는 젊었을 때 나이 드신 분들이 아이들의 버릇을 다 망친다고 생각했다. 아이가 말썽을 부리는데도 허허허 웃기만 하시는 어른들. "관둬라. 그 나이에는 다 그런다." 그런데 이제는 그분들의 관대함이 이해가 된다. 그것은 자식을 다 키워 본 경험에서 나오는 지혜였다. 나 또한 아이 넷을 키우며 수많은 시행착오 끝에 결국 그분들과 같은 결론에 도달했다. "그 나이의 애들은 다 그래." 내가 지금 다시 아이를 키운다면, 그런 관대함으로 아이를 이해하고 격려하고 사랑해 주고 싶다. 손자 손녀들에게 그렇게 한다면 딸과 며느리가 싫어하려나?

아이들을 모태에 지으신 이는 하나님이다(욥기 33:4, 시편 127:3). 하나님은 각각의 아이들에게 고유한 성품과 재능을 주셨다. 엄마는 그것들을 찾아 주고 길러 줌으로써 아이를 향한 하나님의 뜻이 실현되도록 양육해야 한다. 그런데 요즘 엄마들은 너무 똑똑한 나머지 자녀의 인생을 빈틈없이 계획하고 철저하게 진행한다. 자녀의 고유한 성품과 재능이 무엇인지 찾기도 전에 일단 아이를 만들어 가는 것이다.

나의 친구 중 하나가 초등학교 교사였는데, 어린아이들을 두고 일을 나가다 보니 아이들이 정서적으로 불안해 보였다. 친구는 형편이 그리 어려운 편도 아니었기 때문에 나는 조심스레 당분간이라도 휴직을 하는 것이 어떻겠냐고 물었다. 그러자 뜻밖의 대답이 돌아왔다. "아니, 우리 애들을 생각하면 내가 계속 교사로 일하는 게 좋아."

애들 때문에 그만둬야 할 것 같은데, 도리어 애들 때문에 일을 해야 한다니, 이건 또 무슨 말일까? 그 친구의 말인즉슨, 학교 교사 중에도 특별한 사명감이나 교육 철학 없이 밥벌이로 교사를 직업 삼는 선생님이 많다는 것이다. 그래서 자기 아이들이 입학을 하면 좋은 선생님 반에 넣기 위해서 그때까지는 일을 해야 한다는 말이다. 하도 기가 막힌 얘기라 나도 한마디 했다. "너 혼자서 애들 키우고 지키느라 애쓴다. 나라면 엄마로서 아이들을 돌보는 기본적인 역할에 충실한 다음, 내 손이 닿을 수 없는 많은 부분에 대해서는 하나님에게 맡기겠다. 근데 넌 혼자 그 모든 걸 다 하려니 얼마나 힘들겠니?"

하나님의 자녀를 맡아 기르는 청지기라면, 아이의 학교 선생님이나 유명 학원보다 아이의 신체적, 정서적, 영적 발달과 건강에 더 신경을 써야 할 것이다. 이것이 기본 되는 엄마의 본분이다. 물론 기본적인 본분을 다 하고도 여력이 남아 나머지 부분들도 감당할 수 있다면 금상첨화다. 하지만 그럴 수 없다면 우선순위를 분명히 해서 바르게 분별하고 선택한 다음, 나머지는 하나님에게 맡기는 것이 현명하지 않을까? 하나님의 어리석음이 사람보다 지혜롭고 하나님의 약하심이 사람보다 강하다고 했다(고린도전서 1:25). 내 자녀인 동시에 하나님의 자녀인 아이를 하나님과 함께 키울 수 있다면, 이보다 더 효과적인 양육이 어디 있겠는가. 하나님이 특별한 목적으로 특별하게 지으신 그 아이 본연의 모습으로 말이다. 나는 "내 뜻대로 마옵시고 하나님 뜻대로 하옵소서!"라는 기도가 가장 수지맞는 기도라고 믿는다. 그것은 내 삶의 간증이자 내 아이들이 그 증거다.

자녀를 양육하다 보면 수시로 막막하고 불안한 순간을 맞는다. 그럴 때는 삼손의 아버지 마노아의 기도를 기억하자. "주여 구하옵나니 주께서 보내셨던 하나님의 사람을 우리에게 다시 오게 하사 우리가 그 낳을 아이에게 어떻게 행할지를 우리에게 가르치게 하소서!"(사사기 13:8)

마노아 당시에는 성령님이 오시기 전이라 그는 하나님의 사람을 보내 자신들을 가르쳐 달라고 기도했다. 지금은 성령님이 각 사람 안에 임재해 계신다. 우리는 그분의 인도하심과 가르침에 순종하기만 하면 된다. 세상적인 방법과 인간적인 욕심을 따르기보다, 하나님의 뜻을 분변하고 자신을 쳐서 순종하도록 하자. "오직 성령의 열매는 사랑과 희락과 화평과 오래 참음과 자비와 양선과 충성과 온유와 절제니"(갈라디아서 5:22~23). 우리가 성령 안에 거하며 이 같은 열매를 맺는다면, 자녀를 기르는 데 있어서도 아름다운 열매를 맺을 수 있지 않을까?

땅에서 자라는 하늘자녀